KB268989

성도들의 영혼을 치유하는 치유 상담식
| 구역예배/속회/순 교재 |

가정은 모든 것의 출발점입니다

성도들의 영혼을 치유하는 치유 상담식
| 구역예배/속회/순 교재 |

가정은 모든 것의 출발점입니다

신현복 지음

치유와 돌봄이 있는 희망의 선교동산
아침영성지도연구원

머리말

– 상처 입은 마음들이 왜 이렇게도 많은가! –

언젠가 내 고향 땅끝 바닷가에 가본 적이 있습니다. 코를 찌르는 밤바다 내음과 함께 쏟아져 오는 파도소리…. 해변을 거닐며, 오랜만에 속이 후련하고 심혼의 갈증이 축축이 적셔 드는 신선한 충격을 받았지요. 그것은 제 메마른 가슴을 후비고 들어 왔습니다. 무어라 외침의 소리가 들려오는 것 같았습니다.

지금, 여러분에게도 무슨 소리가 들리지 않습니까? 옆에 있는 남편, 아내, 아이들, 그리고 우리의 이웃들…. 그들의 가슴에다 귀를 대고 가만히 기다려 보세요. 무슨 소리가 들리지요? 그렇지요? 맞습니다. 그것은 분명치는 않지만, 하나같이 상처 입은 소리들입니다.

이 땅에는 아픔의 소리들이 너무나 많습니다. 그것은 현대를 살아가는 남녀노소들의 등 뒤에 드리워지는 마음의 그림자입니다. 멀쩡한 그 형제들에게서, 항상 웃어 보이던 그 자매들에게서, 그렇게 가슴 아픈 곡절이 있었는지 새삼 놀랍고 안타깝습니다. 사람들은 이야기를 해보라고 하면, 저마다 아픈 사연들을 꺼내 놓습니다. 그것은 '상처'(傷處)들입니다. 유아, 어린이, 십대, 청년, 중년, 노년, 하나라도 예외가 없습니다.

그것은 그야말로 상처 입은 심혼(心魂)의 짙은 그림자이지요. 여기서 말하는 '그림자'라는 용어는 정신분석학자인 융의 표현이기도 합니다. 그 자체가 부정적인 면을 띄고 있으면서 동시에 긍정적인 역할도 해낼 수 있는 아주 창조적인 부분이지요. "외로워요, 그리워요, 괴로워요, 화가 나요, 미치겠어요, 죽고 싶어요…." 우리의 그림자(shadow) 속에는 하나같이 기구한 사연들이 가득 차 있습니다. 그리고 그것은 이내 도와 달라는 애절한 부르짖음임을 알 수 있습니다. 그 상처 입은 마음들을 싸매 주고 치유하는 일이 무엇보다 절실한 시대이지요.

그래서 여기에서는 우리의 영혼을 그늘지게 하는 정서적인 문제 열두 가지를 골라 치유상담 차원에서 조명해 보았습니다. 무엇보다 우리가 여기서 주목해야 할 것은 이 모든 것의 출발점이 우리 가정이라는 신앙고백입니다. 구역/속/순 식구들끼리 함께 나누어 읽으면서 마음속 깊은 이야기를 주고받으며 서로를 품어주는 영혼의 친구들이 되기를 희망합니다. 그리고 부록에 들어 있는 자료들은 구역/속/순 연합예배 등에서 다함께 실습해 보면 많은 통찰을 얻을 수 있을 것입니다. 부디 이 조그만 교재가 성령의 도우심 속에서 구역/속/순 등 우리 한국교회 성도들의 모임에 영적인 선물로 다가가기를 두 손 모아 기도드립니다.

구역/속/순 약속 15계명

(1) 모이기 전에 미리 교재를 읽고 예습한다.

(2) 모일 가정을 위하여 미리 기도 드리고 간다.

(3) 모임 장소에는 10분 전에 도착한다.

(4) 교재는 상황에 알맞게 다듬어 쓸 수 있다.

(5) 서로 마음을 터놓고 적극 참여한다.

(6) 절대로 남을 험담하지 않는다.

(7) 모임 시간에 나눈 마음속 아픈 이야기를 절대 밖으로 옮기지 않는다.

(8) 가정을 성경적으로 비추어보는 시간이 되어야 한다.

(9) 새가족이나 이웃들에게도 존경을 받는 구역/속/순이 되어야 한다.

(10) 다과나 음식이 주가 되지 않도록 아주 간단히 준비하여야 한다.

(11) 구역장/속장/순장을 중심으로 서로 섬겨야 한다.

(12) 함께 한 어린아이들을 사랑으로 품어주어야 한다.

(13) 서로에게 상처가 되는 말이나 질책은 절대 하지 않는다.

(14) 구역/속/순이나 가정끼리 너무 비교하거나 경쟁하지 말아야 한다.

(15) 무엇보다도 가정과 교회와 직장과 나라와 민족을 위하여 기도
하는 자리가 되어야 한다.

제 **1** 과

나와 다른 것은 다를 뿐이지 틀린 게 아니다

– 차이의 치유 –

♥ **전체 순서**

경배찬양 : '내 영혼의 치유찬양' 가운데 두세 곡 (부록참조)

대표기도 : 구역원 가운데

성　　경 : 누가복음 10장 38-42절

교재읽기 : 다같이

나　　눔 : 다같이

봉헌찬송 : 214장

봉헌기도 : 구역장 또는 구역원

주기도문 : 다같이

나와 다른 것은 다를 뿐이지
틀린 게 아니다

- 차이의 치유 -

"우리 부부는 너무나 다릅니다. 그래서 사소한 일인데도 꼭 싸움이 되고 맙니다. 나는 밥을 먹어야 먹은 것 같은데, 아내는 꼭 베트남 쌀국수를 먹자고 합니다. 나는 고속도로에서도 속도 내는 게 싫습니다. 그런데 아내는 옆에서 내가 교통흐름을 방해하고 있다고 짜증을 냅니다. 아내는 이렇구저렇구 막 표현하면서 정리가 되어 가는 쪽인데, 저는 정리가 되어야 겨우 한 마디 하는 쪽입니다. 우리 집 첫째는 내가 물어야 겨우 대답합니다. 아빠 보고 싶지? 음…. 아빠 사랑한다고? 음…. 아빠 빨리 오라고? 음…. 누가 아빠고 누가 아들인지, 어휴 답답! 그런데 둘째는 매우 넉살이 좋습니다. 아빠, 언제 와? 곧! 몇 시? 곧 간다니까! 몇 분? 이제 곧 간다니까! 아주 끈질깁니다. 첫째는 방안 퉁수, 눈만 뜨면 다 본 해리포터 책을 또 붙잡습니다. 아예 외울 정도입니다. 둘째는 눈만 뜨면 옷 입고 수퍼로 달려갑니다. 첫째는 잠을 자도 꼭 반듯하게 누워 자고, 둘째는 잠을 자도 꼭 엎어져서 잡니다. 첫째는 첫째답게 항상 의젓합니다. 저를 닮은 것 같아요. 그런데 둘째는 늘 시샘하고 뭘 사도 꼭 두 개씩 사서 자기도 달라고 합니다. 누구를 닮은 것 같긴 한데…. 첫째는 저녁형입니다. 밤 12시도 좋아요. 자라고 떠밀지 않으면 절대 안 잡니다. 그리고는 다음날 해가 중천에 뜰 때까지 잡니다. 둘째는 아침형입니다. 밤 10시면 무조건 잡니다. 내일 시험이어도 잡니다. 아침에 하겠대요. 그리고 아침에도 잡니다. 죽 잡니다!"

◈ ◈

사랑하는 강 집사님, 지금 무엇 때문에 가장 힘드십니까? 부부 간에, 부모자식들 간에, 상하 간에, 동료 간에, 구역식구들 간에 가장 힘든 것이 있다면 무엇입니까? 혹시 그 사람이 나와 같지 않다는 것 때문에 힘들어하고 계시지는 않습니까? 그 사람이 나와 같지 않다! 이 사실을 어떻게 신앙적으로 해석해야 할까요?

집사님, 하나님께서는 우리 인간을 하나님 형상대로 지으시되, 각각 독특한 차이를 지니도록 창조하셨습니다. 사람마다 독특한 차이가 있습니다. 그런데 그 차이 가운데서도 가장 중요한 차이가 무엇일까요? 그것은 바로 성격의 차이입니다. 오늘 본문에 나오는 마르다와 마리아에게도 성격의 차이가 있습니다. 이두 사람의 차이를 생각하며 강 집사님에게 들려주시는 주님의 음성에 귀를 기울여 봅시다.

강 집사님도 아시듯이, 교회에는 이렇게 마르다 같은 사람이 있어야 일이 돌아갑니다. 마르다 같은 사람이 있으면 교회가 활기가 넘칩니다. 마르다 같은 사람이 있는 곳에는 늘 사람이 몰립니다. 그런 사람 곁에 가면 늘 웃음이 있고, 재미가 있고, 정이 있고, 사랑이 있고, 봉사가 있고, 늘 먹을 것이 끊이질 않고, 날이면 날마다 축제가 벌어지고, 헌신이 이어집니다. 살맛이 납니다. 마르다 같은 교인들은 자신을 잘 드러냅니다. 쉽게 친해지고 쉽게 파악이 됩니다. 항상 맨 앞쪽으로 나와 앉습니다. 사람들이 알아주면 일을 더 잘합니다. 그런 사람들은 오라는 데는 없어도 갈 데가 많은 사람들입니다. 교인들 생일을 다 기억하고 있고, 누구 집 숟가락이 몇 개인 것도 다 기억하고 있습니다. 안 불러주면 섭섭해 합니다. 주변에서 뭐라 해도 크게 신경 안 쓰는 척하지만, 의외로 마음이 여려 홀로 가슴앓이를 하기도 합니다.

보세요, 강 집사님! 예수님이 지나가신다 하니까, 마르다는 마을어귀에 나가서 우리 집으로 가서 식사하고 가시라고 끌어당깁니다. 매우 적극적입니다. 예수님이 그 마음을 아시고 마르다의 집으로 가십니다. 마르다는 너무 기분이 좋고 신이 나서 어쩔 줄을 모릅니다. 그런데 이런 마르다 같은 사람들의 특징은 일을 우선 저질러 놓고 본다는 것입니다. 뒤로 재고 한 번 더 고민을 하지 못합니다. 그날따라 장봐둔 것이 다 떨어졌는데도, 반찬도 떨어지고 쌀도 떨어지고 이부자리도 안 개고 방안 청소도 안 해 놓았는데, 덜컥 예수님 보고 집에 가서 식사나 하시자고 해버린 것입니다. 그러니 집에 뭐 준비된 게 있어야지요. 그 때부터 요란법석 막 식사 준비를 하려고 하니까 제대로 됩니까? 김치도 신 김치밖에 없고, 고추는 있는데 마늘은 없고, 오늘따라 좁은 부엌에서 넘어지고 자빠지고 급기야 쿵 낮은 천장에 이마까지 찍힙니다. '아이구, 성질 나 죽겠네. 근데 애는 어디 간 거야?' 생각해 보니 동생이 안 보입니다. 이 바쁜 통에 부엌에는 코빼기도 안 보이고 방에 들어가서 예수님하고 예배드리고 있습니다. 오늘 읽은 40절 말씀이 그래서 있는 것입니다.

> "주여 내 동생이 나 혼자 일하게 두는 것을 생각지 아니하시나이까. 저를 명하사 나를 도와주라 하소서" (40절).

이것을 이렇게 싱겁게 읽으면 뭔 의미인지 잘 모릅니다. 그 상황으로 돌아가서 감정을 넣어 읽어야 합니다. "주님, 저 성질 나서 못해 먹겠어요. 나는 부엌에서 정신이 없는데, 동생 좀 보세요. 저것이 말이나 되요? 후딱 나가서 언니 좀 도우라고 해주세요."

그런데 강 집사님, 성경을 보시면 아시겠지만, 언니 마르다가 부엌에서 음식준비를 하느라고 분주하게 서두르고 있을 때, 동생 마리아는 예수님의 발 앞에 앉아 태연스레 말씀을 듣고 있었습니다.

강 집사님은 이런 마리아의 성격을 어떻게 생각하세요? 명절 때, 남들은 정신없이 바쁜데, 시누이는 텔레비전 앞에 앉아 연속극을 보고 있다고 생각해 보세요. 누군들 화딱지 안 나겠어요?

집사님, 교회를 다니다 보면 꼭 마리아 같은 사람도 만나게 됩니다. 마리아 같은 교인들은 자신을 드러내는 데 시간이 걸립니다. 항상 맨 뒤쪽 두 번째 왼쪽 귀퉁이에 앉습니다. 마리아는 자기 좀 제발 내버려 두었으면 하는 사람들입니다. 기도시키면 교회 안 나오겠다고 협박하는 분들입니다. 앞에 나와서 인사하라고 하면 예배 중에 집에 가버리는 사람들입니다. 마르다의 말 한 마디에 상처를 입고, 밤잠을 설치는 분들이 바로 이런 마리아들입니다. 마리아는 매우 생각이 깊은 사람들입니다. 마리아는 세속적인 일에 별반 가치를 두지 않고 조용히 내실 있게 살아갑니다.

사랑하는 강 집사님, 마리아와 마르다 중 집사님은 누구편입니까? 누가 옳다고 생각하십니까? 보통은 집사님 성격과 비슷한 쪽을 지지할 것입니다. 그러나 집사님, 누가 옳고 누가 틀린 것이 아닙니다. 차이가 있을 뿐입니다. 예수님은 그 차이를 아셨고, 그래서 평생 다시는 들을 수 없는 주님의 말씀에 간절히 귀를 기울이고 싶어 하는 마리아를 질책하지 않으셨습니다. 마리아의 그 영적인 목마름을 헤아려 주시기 위해서 기꺼이 하나님 나라 복음을 들려주셨던 것입니다.

그리고 예수님은 마르다에게 이렇게 말씀하십니다:

“마르다야, 마르다야, 네가 많은 일로 염려하고 근심하나, 그러나 몇 가지만 하든지 혹 한 가지만이라도 족하니라. 마리아는 이 좋은 편을 택하였으니 빼앗기지 아니하리라” (41-42절).

여기서 예수님은 다짜고짜 따지고 드는 마르다를 두 번이나 자상하게 웃으시며 부르십니다. “마르다야, 마르다야!” 이것은 예수님이 마르다의 마음을 충분히 아신다는 일종의 싸인입니다. 우리가 형과 동생을 놓고 나무랄 때, 동생을 혼내기 위해서 형을 일부러 혼내잖아요. 그 때 부모로서도 형한테 미안하니까 눈을 찡긋 감으면서 말리듯 이야기하잖아요. “형이 그러면 써?” 여기서도 그런 의미입니다. “마르다야, 마르다야, 네가 좀 동생의 마음을 이해해 줘라!”

그런데 여기서 더 흥미 있는 말씀은 이것입니다. “마리아는 좋은 편을 택하였으니 빼앗기지 아니하리라.” 이것이 무슨 뜻일까요? “마르다야, 너는 지금 부엌 봉사를 선택했잖니? 그런데 너의 선택만이 최상이 아니란다. 방안 예배를 선택한 마리아의 행위가 결코 쓸데없는 일은 아니란다. 영적인 갈급함에 목말라하는 마리아에게는 지금의 선택이 최선의 선택이란다.”

우리는 이 말씀을 놓고 예수님이 마리아 편만 들었다고 생각해 버립니다. 마리아는 옳았고, 마르다는 틀렸다고 생각해 버립니다.

그러나 그런 해석은 이 본문에 대한 왜곡입니다. 본문의 핵심을 잘 파악해야 합니다.

지금 예수님은 마리아 편이라기보다 약자편입니다. 만일 마리아가 방안에 눌러앉아 말씀만 들으면서 부엌에서 음식 준비하는 언니 꼴을 우습게 여겼더라면, 예수님은 어떻게 하셨을 것 같습니까? 밥 준비하느라 예배 못 드리는 언니를 비방했다면, 똑같이 마리아도 나무라셨을 것입니다. "마리아야, 마리아야, 너의 선택만이 최상이 아니란다. 언니 마르다의 행위가 결코 시간을 낭비하거나 쓸데없는 일은 아니란다. 언니 마르다에게는 지금의 선택이 최선의 선택이란다. 언니의 희생과 수고가 없다면 언제 누가 이 많은 사람들의 식사를 준비하겠니?"

사랑하는 강 집사님, 그렇습니다. 주님께서 오늘 집사님에게 주시는 말씀은 교회 안에서, 가정 안에서, 그리고 구역 안에서, 서로의 차이를 잘 존중해 주라는 뜻입니다. 마리아는 마리아대로, 마르다는 마르다대로 할 일을 했습니다. 저마다 최선의 선택을 했습니다. 둘 다 파이팅입니다. 그것을 너무 자기 입장에서만 생각해서 상대방의 선택을 무시하는 일은 없어야 될 것입니다.

다양성 속의 일치. 이것이 우리 크리스천들이 실천해야 할 오늘의 생활영성입니다. 서로의 차이를 알고 존중해 주는 신앙공동체, 서로 생각과 성격은 다르지만 십자가에 죽으시고 부활하신 그리스도 안에서 우리 모두가 하나임을 고백하는 구역공동체, 그것이 바로 우리 그리스도인들의 진정한 매력 아닐까요?

 나 눔

1. 평소 나 자신의 성격을 0부터 10으로 표현해 본다면?

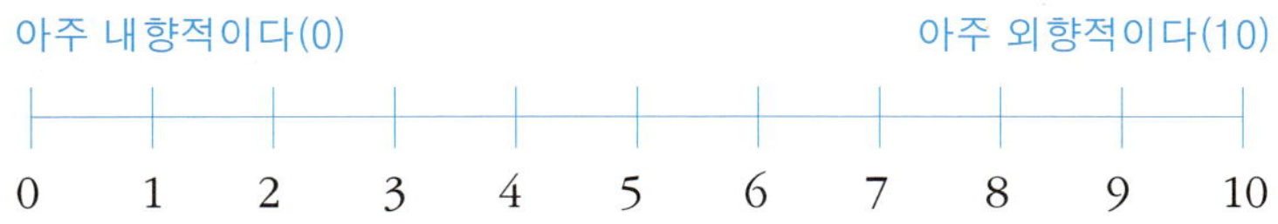

2. 살아오면서 내 성격이 마음에 안든 적은 언제입니까?

3. 부록1의 '나의 성격유형 검사'와 부록2의 '16가지 성격유형 해석'을 참조해 볼 때, 내 성격의 강점은 무엇이라고 생각합니까?

4. 오늘 말씀을 3번 크게 읽고, 아래에 1번 쓰고, 한 주간 동안 암송해 봅시다.

제 **2** 과

아무도 찾아오지 않는 섬

- 외로움의 치유 -

♥ **전체 순서**

경배찬양 : '내 영혼의 치유찬양' 가운데 두세 곡 (부록참조)

대표기도 : 구역원 가운데

성　　경 : 시편 25편 16절

교재읽기 : 다같이

나　　눔 : 다같이

봉헌찬송 : 291장

봉헌기도 : 구역장 또는 구역원

주기도문 : 다같이

아무도 찾아오지 않는 섬
– 외로움의 치유 –

　"봄비가 보슬보슬 내리고 있어요. 그러나 제 마음은 창밖에도 안에도 그 어디에도 안주할 곳이 없어요. 누구에게 털어놓을 수도, 어떻게 주체할 수도 없어요. 늘 혼자라는 이 느낌! 태평양의 넓디넓은 바다 한 가운데 홀로 떠 있는 외딴 섬. 아무도 찾아오지 않는 무인도. 육체의 아픔보다 정신의 아픔이 얼마나 더 고통스러운 것인지…. 허탈하고 괴로운 맘에 흐르는 건 눈물뿐이지요. 저만 이렇게 힘든 걸까요? 남편도 자식들도 제 마음을 알아주지 못해요. 그 동안 가족들 뒷바라지에 시간 가는 줄 몰랐는데, 정작 제 자신은 지금 너무나 힘이 들어요. 속이 아려옵니다. 아무런 의욕도 없어요. 마음을 함께 할 수 있는, 서로 이해할 수 있는 친구도 없구요. 늘 찌푸린 인상에 연신 내뱉는 말, "아유, 미치겠어!" 이제 차라리 반항아가 되고 싶어요. 그래서 이렇게 의지할 곳 없이 흐트러진 심정으로 글을 띄워 봅니다. 어떻게 해야 다시 싱싱한 느낌을 가지고 살 수 있을까요?"

◆ ◆

  사랑하는 박 집사님, 우리 인간을 가장 견디기 힘들게 하는 것은 무엇일까요? 햇살이 반짝거리는 거리를 걷고 있다가도, 질펀한 삶의 외침들로 떠들썩한 시장터에서도, 빨간 촛불이 타들어 가는 카페 안에서도, 그리고 때로는 '너'와 마주 앉은 자리에서도 가슴에 통증을 느끼게 하며 스쳐가는 아픔. 끝없는 광야에 갈기를 접고 긴 목을 빼고 서 있는 말의 형상처럼 막막한 아픔. 그것이 곧 외로움이라는 마음의 그림자가 아닐까요?

  박 집사님, 외로움이라는 고통의 방을 들여다보는 게 쉬운 건 아닙니다. 그래서 사람들은 될 수 있으면 외로움을 멀리 하고 싶어 하지요. 하지만 외로움은 살아가면서 누구든지 겪게 되는 경험입니다.

  박 집사님도 어린 시절에 엄마의 따뜻한 시선과 안아주는 품을 충분히 경험하지 못했을 때 근원적인 외로움을 느꼈을 것입니다. 반 아이들에게 사팔뜨기라고 놀림을 당하거나, 사춘기 시절 친구들에게 전혀 인기가 없었을 때, 기숙사나 야영장이나 친척집에 갔다가 집이 그리워졌을 때, 또는 자신의 힘으로는 어쩔 수 없는 부당한 규칙에 분개했을 때, 대학 시절에 주위 사람들이 죄다 점수에 연연해하고 좋은 친구란 눈을 씻고 보아도 없었을 때, 우리의 경쟁적이고 빨리빨리 병에 걸린 세계 때문에 하늘 한 번 제대로 쳐다보지 못하고 살아갈 때, 또는 모임이라고 해서 갔는데 아무도 박 집사님이 내놓은 제안에 관심을 기울이지 않았을 때에도 외로움을 느꼈을 것입니다.

그리고 지금도 매일 매순간 그런 외로움 속에 우리는 살아갑니다. 한 조사에서 4명 중 1명이 지난 몇 주 동안에 외로움을 느꼈고, 9명 중 1명은 지난 한 주간 동안 아주 심각한 외로움을 느꼈다고 했습니다.

이렇듯 외로움은 가장 보편적인 인간의 경험 가운데 하나입니다. 생각해 보세요. 전철 안에서 신문을 펴들고 입을 다물고 있거나 공상 속에서 멍하니 딴 데를 쳐다보고 있는 사람들…. 두통, 위통, 아랫등뼈의 통증, 불만, 자살, 포르노, 알코올 중독, 수많은 교통사고…. 오히려 안 왔으면 싶을 정도로 공허함과 서글픔만 남는 모임들…. 조건 없이 사랑해 줄 사람은 아무도 없으며, 자신을 드러내면 낼수록 이용당한다는 느낌, 거절당함과 비아냥거리는 웃음소리, 톡 쏘아붙이는 말과 차가운 침묵…. 외로움에 사무치게 만드는 이 사회의 단면들이지요.

박 집사님, 우리는 왜 이렇게 외로움을 타는 것일까요? 일반적으로 외로움의 원인이라면 슬픔, 분리, 실패나 실패에 대한 두려움, 친구와 공동체의 결여, 의사소통의 결여, 산다는 것에 대한 불만족 등을 들 수 있습니다.

하지만 무엇보다도 외로움의 주된 원인은 마음을 깊이 주고받을 수 있는 사람이 없기 때문입니다. 아무도 나에게 관심 가져주는 이가 없기 때문입니다. 더군다나 박 집사님의 경우처럼, 아끼고 사랑하던 가족들이 집사님 마음을 제대로 알아주지 않아 다들 남인 것처럼 느껴질 때, 그 외로움은 뼛속까지 파고들 것입니다. 대화가 통하지 않는 부부, 아이들은 어른들이 인정해주지 않는다고, 노인들은 젊은이들이 무시한다고 외로워합니다. 너나 할 것 없이 토해내는 외로움의 부르짖음들, 이 세상은 온통 외로움의 열병(熱病)으로 하늘마저 구멍이 나버렸습니다.

박 집사님, 그렇다면 어떻게 해야 박 집사님이 외로움의 포로에서 벗어나 성장의 단계로 나아갈 수 있을까요? 무엇보다도 먼저, 박 집사님이 직면하고 있는 외로움의 뿌리가 정서적인지, 사회적인지, 존재적인지를 분별해야 합니다.

정서적인 외로움은 다른 사람과 친밀한 관계를 못 맺고 늘 혼자라고 여겨질 때 다가오는 느낌입니다. 이 외로움을 치유하기 위해서는 중요한 타인 한 사람과 깊은 관계를 맺는 게 필요합니다.

사회적인 외로움은 목적 없음, 경쟁, 분노, 분주, 공허 속에 고립되어 늘 삶의 가장자리에 살고 있다고 여겨질 때 다가오는 느낌입니다. 이 외로움을 치유하기 위해서는 한 사람과 깊은 관계를 맺기보다는 자신을 친구로 받아주는 지지 그룹 속에서 폭넓은 관계를 맺는 게 필요합니다.

존재적인 외로움은 하나님으로부터 소외된 채 삶의 목적과 의미를 상실했을 때 다가오는 느낌입니다. 이 외로움을 치유하기 위해서는 하나님과 헌신적인 관계를 회복하고, 그 다음에는 외로운 이 세상에서 진정한 품을 경험할 수 있는 신앙 공동체와도 친밀한 관계를 맺는 게 필요합니다.

박 집사님이 그 외로움의 정체를 분명히 아셨다면, 다음과 같이 치유의 단계를 밟아 나가시면 됩니다.

첫째, 외로움을 받아들이고, 그것으로부터 '도망' 치려고 하지 마십시오. 박 집사님이 한가한 시간이 날 때마다 뭐 또 할 일이 없나 살피거나, 혼자일 때 뭐 만날 친구가 없나 뒤적여 본다면, 박 집사님이 외로움을 회피하고 있다는 징후이지요. 끊임없이 일에 매달린다고 해서 외로움을 치유할 수가 없답니다. 그것은 외로움을 더욱 심화시킵니다. 기억하십시오. 평화로운 마음을 지닐 수 있는 비결은 박 집사님의 내적 감정이 외부 활동을 지향하지 않는 데 있습니다.

둘째, 박 집사님 자신에게 정직하십시오. 박 집사님의 강점과 약점을 인정하십시오. 예컨대, 박 집사님이 다른 사람들과 관계 맺는 방법을 곰곰이 생각해 보십시오. 박 집사님은 남의 이야기를 잘 들어주는 쪽입니까? 큰 소리로 꽥꽥대거나 도중에 말을 가로막음으로써 사람들을 통제하고 있는 것은 아닙니까? 교회나 직장이나 공동체에 갓 들어온 새로운 사람들에게 잘 다가가는 쪽입니까? 다른 사람의 의견을 존중합니까? 박 집사님의 실제적인 상을 그려 보는 것은 박 집사님 자신을 받아들이는 데 그리고 평화를 발견하는 데 중요합니다.

셋째, 죄와 불완전함에 대한 하나님의 용서를 받아들이십시오. 하나님께서 용서를 통하여 주시는 평화를 받아들이십시오. 예를 들면, 박 집사님이 실수를 저질렀을 때, 그것을 인정하십시오. 하나님과 사람들에게 도움과 용서를 구하십시오. 하나님의 약속을 받아들이고 죄를 멀리하면서, 과거보다는 미래를 바라보십시오.

넷째, 박 집사님의 목적과 노력에 대하여 융통성을 지니십시오. 하나님께서 박 집사님을 받아들이시듯이, 박 집사님 자신을 받아들이십시오. 박 집사님의 능력 이상의 것을 기대하지 않으십니다. 이를테면, 박 집사님은 성경공부 그룹을 인도하는 것보다 아픈 이들을 위로하는 일을 더 잘할 수 있습니다. 또는 그 반대일 수도 있지요. 실수를 통하여 배우고 다시 시도하십시오!

박 집사님, 외로움을 통하여 성장할 수 있는 길이 몇 가지 더 있습니다.

먼저, 타인에게 가까이 다가가는 일입니다. 타인에게 다가가서 박 집사님을 내어 주는 것을 통하여, 열린 마음과 세상에 대한 끊임없는 참여를 보장받게 되지요.

둘째로, 삶의 모든 면에서 행동을 취하는 일입니다. 박 집사님의 능력과 신앙을 가정에서, 직장에서, 교회에서―박 집사님이 지금 속해 있는 공동체 어디서든지 간에―행동으로 옮기십시오. 예를 들면, 사람들과의 의사소통을 제한하거나 한 가지 주제로 대화를 못 박지 마십시오.

셋째로, 우정을 맺고 유지하는 일입니다. 좋은 친구가 되는 데는 시간, 에너지, 이해심 등 아주 많은 요소들이 필요하지요. 다른 이들이 박 집사님이 즐기고 있는 활동에 참여할 수 있도록 초대하십시오. 대화를 나누어야 할 필요가 있는 사람을 알고 있거들랑 시간을 만들어 보십시오.

넷째로, 홀로 있는 시간을 계획하는 일입니다. 박 집사님의 삶을 평가할 시간―묵상, 기도, 영성지도를 위한 시간―을 만들어 보십시오. 박 집사님은 홀로 있는 시간을 회피하는 대신, 그 시간이 얼마나 보배로운가를 알게 될 것입니다.

다섯째로, 도움을 구하는 일입니다. 다른 사람들이 박 집사님의 외로움을 치유할 수 없다고 할지라도, 그들의 도움과 후원을 통하여 큰 차이를 맛볼 수 있지요. 교회 지도자나, 후원 집단이나, 공동체 대표들을 만나서, 그들의 제안을 들어 보십시오.

마지막으로, 예배, 성경공부, 구역/속/순 등 소그룹 활동, 개인적인 접촉 등을 통하여 다른 사람들과 자꾸 어울리십시오.

사랑하는 박 집사님, 결국 외로움을 통하여 박 집사님 자신과 평화로울 수 있도록 노력하십시오. 무엇보다도 먼저, 외로움은 때때로 모든 이들에게 닥쳐오는 삶의 한 요소라는 사실을 받아들이십시오. 박 집사님 자신과 박 집사님의 감정을 이해하십시오. 하나님과 관계를 넓혀 가십시오. 박 집사님 주변에 있는 이들에게 가까이 다가가십시오. 그리고 이 시간 예수님의 말씀을 가슴에 기록하십시오. "아버지께서 나와 함께 계시니, 나는 혼자 있는 것이 아니다" (요한복음 16장 32절).

 **나 눔**

1. 지금 내 마음을 0부터 10으로 표현해 본다면?

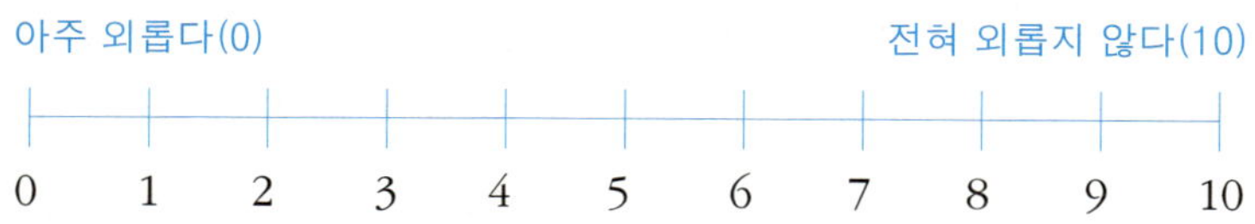

2. 살아오면서 심하게 외로움을 느껴 본 적이 있습니까?

3. 그 동안의 경험으로 보아, 외로움을 치유하는 데 어떤 요소
   들이 도움이 되었습니까?

4. 오늘 말씀을 3번 크게 읽고, 아래에 1번 쓰고, 한 주간 동안
   암송해 봅시다.

제3과

담아 주는 그릇

– 소외의 치유 –

♥ 전체 순서

경배찬양 : '내 영혼의 치유찬양' 가운데 두세 곡 (부록참조)

대표기도 : 구역원 가운데

성　　경 : 요한복음 1장 32절

교재읽기 : 다같이

나　　눔 : 다같이

봉헌찬송 : 197장

봉헌기도 : 구역장 또는 구역원

주기도문 : 다같이

담아 주는 그릇
- 소외의 치유 -

"막내인 저는 언니오빠들보다 공부를 잘해서 엄마아빠에게 늘 칭찬을 받았죠. 그래서 보이지 않는 두꺼운 벽을 쌓아 놓고 지냅니다. 어쩌다 언니오빠들과 말다툼이라도 하면, "그래, 넌 공부도 잘하고, 네 위엔 좋은 배경(부모님)이 있으니 좋겠다. 어떻게 너하고 우리하고 같겠니?" 하면서 저를 비난하곤 합니다. 이름 있는 고등학교에 다닌다며, "너만 잘났어! 거지같은 학교에 다니는 우리들이 상대가 되겠니?" 늘 이런 식이에요. 전 이럴 땐 너무 참을 수 없어 울어버리거나 언니오빠들에게 대들죠. 그럼 혼나는 것은 늘 저구요. 부모님은 필요 이상으로 절 속박하십니다. 어쩌다 다른 책이라도 보고 있으면, "그게 밥 먹여 주냐?" 라고 윽박지르십니다. 도대체 이해할 수가 없어요. "우리 막내는 서울대 수석이야!" 이러쿵저러쿵, 나사로 내 머리를 마구 조여 오는 말씀만 하셔요. 전 어쩌면 좋아요? 가족 같지가 않아요. 아무도 함께 어울려 주지 않아요. 제가 마치 이방인 같아요. 난 언니오빠들보다 잘난 것도 없고 못난 것도 없고, 그저 똑같은데…. 한숨만 나오고 답답하고 괴로워요."

◆ ◆

　사랑하는 송 집사님, 고등부에 다니는 따님을 만나보고 너무
나 가슴이 아팠습니다. 단란하고 화목해야 할 집사님 가정에도
소외의 그림자가 드리워져 있다는 사실이 충격이었습니다. 집
사님도 많이 놀라셨지요?

　언제가 〈동물의 왕국〉 퀴즈 프로그램을 보는데, 침팬지 사회
에서도 소외의 문제가 존재함을 엿볼 수 있었습니다. 밀림에서
서열 1위인 인터로키가 자기 자리를 넘보는 서열 2위 쿨란데일
의 도전을 물리치기 위하여, 사냥감을 시케나 사바나 리쿠자 같
은 딴 동료들에게는 나눠 주면서도, 쿨란데일은 얼씬도 못하게
하고 완전히 따돌려 버리는 것을 보았습니다. 정글의 세계에서
도 소외는 참으로 비참한 현실이었습니다. 동물 사회도 이러한
데, 인간 사회야 오죽하겠습니까?

　인간은 누구나 소외의 고통을 겪기 마련입니다. 나이·성·지역
·인종·문화·사회경제적인 수준·역사상의 시기 등, 그 어느 부
분에서도 예외가 없습니다. 그래서 소외는 참 치유받기 어려운
아픔입니다.

　인간으로서 우리는 소외의 고통에서 적당히 버텨 나갈 수 있
는 정교한 방어기제와 방법들을 개발하기도 합니다. 하지만 그
러면 그럴수록, 소외는 늘 내 내면세계에 잠재되어 있으면서, 언

제든지 그 본 모습을 드러내고 맙니다. 아니, 순식간에 우리의 개인적·관계적·영성적 삶의 중심을 잠식해 버립니다.

신학자 틸리히는 죄(罪)의 본질을 설명하면서 이러한 소외 개념을 적용하였습니다. 곧 소외란 인간 존재의 상하고 깨어진 일면이라는 것입니다. 그렇습니다. 소외는 인간 실존의 · '장애상태' 입니다.

그 가운데서도 가장 심각한 소외는 하나님과 분리되는 것입니다. 그래서 자기-소외와 동시에 일어나는 하나님으로부터의 소외를 치유하는 일이야말로 자연 세계로부터의 소외와 인간사회로부터의 소외를 치유하는 지름길입니다.

인간 소외의 경험은 언제나 버림받음의 느낌을 동반합니다. 소외를 느낀다는 것은 소중하고 사랑하며 필요하다고 여기는 그 누군가로부터 또는 그 무엇으로부터 분리됨을 느낀다는 것입니다.

그리고 버림받음을 느낀다는 것은 조화롭고 화목하며 친근하게 느꼈던 그 무언가로부터 뿌리 뽑혀진 것 같은 느낌을 갖는다는 것입니다. 갑자기 고아가 된 느낌, 밖에 버려진 느낌, 그리고 뒤처진 느낌, 깨어지고 분리되고 내동댕이쳐진 느낌….

에덴동산의 이야기가 그런 사실을 잘 대변해 줍니다. 아담과 이브의 타락, 그에 따른 추방, 이것은 모든 인간의 이야기이며,

모든 인간이 져야 할 짐이며, 모든 인간의 삶의 자리 한복판입
니다.

심리학자들은 그것을 모체로부터의 분리, 또는 분리와 개별화
과정, 또는 자기-대상의 내면화라고 설명합니다. 영성신학자들
은 이것을 영혼의 어두운 밤이나 절망의 수렁으로 들어가는 모
험이라고 예리하게 묘사하기도 합니다.

사랑하는 송 집사님, 따님의 경우에서처럼, 인간은 누구나 본
질적으로 사랑받고 싶고 인정받고 싶고 공감을 받고 싶어 합니
다. 그 누구도 그런 욕구에서 벗어날 수가 없습니다. 인간은 내
가 의지하는 이들에게 사랑과 인정과 공감을 받지 못할 때, 깊
은 상처를 받게 되는 취약성을 갖고 있습니다.

그런 의미에서 소외는 원초적으로 한 아기가 부모와의 관계에
서 따뜻한 시선과 안아주는 품을 경험하지 못해 생기는 아픔입
니다. 어린 시절, 그렇게 생기기 시작한 감정의 틈이 바로 소외
와 버림받음의 출발점입니다.

심리치료사인 코핫은 자기-대상관계를 통하여 부모와 아기
사이의 중요한 공감적 관계를 언급했습니다. 자기-대상관계란
아기를 돌보아 주고 달래 주며 정서적으로 안정되게 보살펴 주
는 등 아기 스스로 할 수 없는 심리적 역할 제공해 주는 타인 곧
'자기-대상'에게 의존하는 관계입니다.

본디 이 자기-대상(self-object)이라는 말은 대상관계 이론에서 사용하는 용어입니다. 아기의 거울 역할을 해주는 주요 대상을 의미합니다. 주로 부모가 그 역할을 떠맡지요. 아기는 자기의 확장으로서 자기-대상을 경험합니다.

유년기에는 부모들이 각 개인의 가장 중요한 자기-대상이 됩니다. 청소년기에는 점점 또래집단이 중요한 자기-대상이지요. 그리고 성인기에는 배우자와 친구들과 직장 동료들을 자기-대상으로 경험하게 될 것입니다.

그러므로 이러한 자기-대상들에게서 지속적으로 적절하고 믿을 만한 경험을 하게 되면, 인간은 자신의 내면세계에 긍정적인 구조를 갖게 되어, 자신이 가치 있는 존재라고 생각하게 됩니다. 반면에, 이러한 자기-대상들로부터 무관심하고 적대적이고 지나치게 비판적인 취급을 받게 되면, 인간은 자신의 내면세계에 부정적인 구조를 갖게 되어, 수치감과 무가치함과 상처를 느끼게 됩니다.

초등학교 때 도벽으로 고생한 적이 있습니다. 갑작스런 이사, 부모님의 갈등, 황무지를 개간하여 과수원을 만드느라 눈코 뜰 새 없이 바빠진 일상, 부모님은 자식들을 돌볼 마음의 여유가 전혀 없으셨습니다. 이렇게 부모님의 관심권에서 벗어난 나는 뭔가에 홀린 듯 자꾸 친구들에게 먹을 것을 사다 주었습니다. 밭에서 나는 과일도 따다 주고, 구슬도 갖다 주고, 딱지도 사다 주고,

과자도 사다 주고…. 친구들에게 인정받고 싶은 심정에서, 그들 사이에 끼고 싶은 바람에서 그랬던 것 같습니다. "사주면 받아먹고, 나중에 와서 꼭 말하라"는 것이 선생님의 지시였다는 것을 나중에야 알고, 무척 서글펐습니다. 친구들 사이에 끼고 싶은데, 모두가 다 나를 따돌리고 있다는 생각에 괴로워했지요.

아버지가 소중히 여기시던 금빛 저금통을 깨서 아이들에게 먹을 걸 잔뜩 사다 준 날, 죽도록 매를 맞았습니다. 며칠간 학교도 못 갔습니다. 외딴 산골, 집 뒤뜰에서 혼자 공집기를 하고 놀았지요. 누나들이 하던 놀이를 나 홀로 흉내 내고 있을 때의 그 참담한 기분…. 아무도 없었습니다. 나 혼자였습니다. 어머니도, 아버지도, 식구들도, 친구들도, 모두가 나와는 딴 세계에 있는 것 같았습니다. 나만이 홀로 이방인처럼, 모두에게 따돌림을 당하며 이렇게 비정상적인 삶을 살아간다는 게 서글펐습니다. 내 모습이 스스로도 너무 처량하게 여겨졌습니다. 나는 왜 이럴까 하는 생각이 물밀듯 파고들었습니다.

어머니는 학교까지 찾아오셔서 담임선생님께 자초지종을 말씀하셨습니다. 급기야 선생님은 전교생이 다 보는 가운데서 저를 운동장 한쪽으로 부르시더니, 제 손이 문제라며 담뱃불로 지지려 하시는 것이었습니다. 어머니는 저 쪽에서 바라만 보실 뿐 아무 말씀도 없으셨습니다. 수치감! 그러나 창피한 것은 둘째 치고, 너무 서러웠습니다. 아니, 너무나 외로웠습니다. 왜 내가 이래야 하는지! 도무지 내 안에 있는 나를 나 자신도 알 수가 없었습니다.

그러던 어느 날 새벽이었습니다. 무슨 소리가 나서 잠을 깼는데, 머리맡에서 어머니가 울고 계시는 것이었습니다. "하나님, 이 아들이 갈피를 못 잡고 방황하고 있습니다. 이렇게 어미 속을 썩이니 어찌하면 좋습니까? 제발 이 아이를 바른 길로 인도해 주십시오." 저는 도저히 어머니의 울부짖는 그 기도를 듣고만 있을 수가 없었습니다. 벌떡 일어나서 어머니 품속으로 달려들었지요. 그리고 어머니 가슴에 안겨 마냥 울었습니다. 그때 생각에 어머니의 가슴이 왜 그렇게도 따뜻했던지….

마치 먼 길을 여행하고 돌아온 순례자처럼, 저는 그 품속에서 그 동안의 지치고 곤한 몸과 마음을 녹일 수 있었습니다. 가정의 따스한 공간, 특히 어머니의 안아 주는 품을 잃어버린 채, 친구들 사이에서 그리고 가족들 사이에서 외로움과 소외감에 시달려야 했던 아픔들이 한꺼번에 치유되는 것을 느낄 수 있었습니다. 그리고 훗날, 나는 깨달았습니다. 나는 돈을 훔친 게 아니라, 잃어버린 어머니의 사랑을 훔치고 있었음을….

사랑하는 송 집사님, 갈수록 이지메니 고문관이니 왕따니 하는 이야기가 사회적인 쟁점으로 떠오르고 있습니다. 그런데 우리 부모들은 지금 저마다 가정에서 이런 소외된 자녀들에게 어떤 자세로 다가가고 있습니까? 그들의 굼뜬 행동과 어눌한 말투와 짜증스런 태도를 탓하기 전에, 우리는 왜 그런 자녀들을 따뜻하게 받아 주지 못하는 걸까요?

심리치료사인 비온이 말하듯, 우리 가정에서는 서로가 서로를 위하여 따뜻하게 담아 주는 그릇(container)이 필요합니다. 그 래야 가정이 살아납니다. 세상에서 가장 따뜻한 품을 경험해야 할 곳은 두말할 필요 없이 '가정' 입니다. 가정이야말로 담아 주는 그릇이 되어야 합니다. 그래야 교회도 살아나고 나라도 살아 납니다.

가정을 생각하는 이 시간, 그래서 더욱 더 이 땅의 가정들을 위하여 기도하지 않을 수 없군요. 송 집사님도 이번에 절실히 깨달으셨듯이, 가정(Home)이야말로 모든 것의 출발점이기 때 문입니다.

 나 눔

1. 지금 내 마음을 0부터 10으로 표현해 본다면?

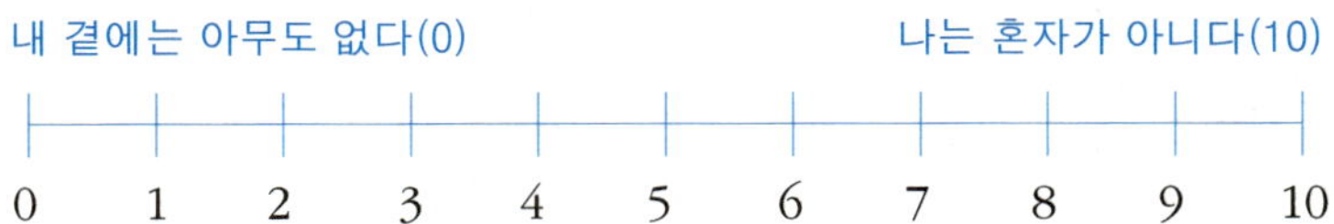

2. 살아오면서 심하게 소외감을 느껴 본 적이 있습니까?

3. 그 동안의 경험으로 보아, 소외감을 치유하는 데 어떤 요소
   들이 도움이 되었습니까?

4. 오늘 말씀을 3번 크게 읽고, 아래에 1번 쓰고, 한 주간 동안
   암송해 봅시다.

제4과

하나님이 미워요!

- 슬픔의 치유 -

♥ 전체 순서

경배찬양 : '내 영혼의 치유찬양' 가운데 두세 곡 (부록참조)

대표기도 : 구역원 가운데

성　　경 : 시편 30편 11절

교재읽기 : 다같이

나　　눔 : 다같이

봉헌찬송 : 411장

봉헌기도 : 구역장 또는 구역원

주기도문 : 다같이

하나님이 미워요!

- 슬픔의 치유 -

"우리 가족은 행복했답니다. 셋방살이 단칸방에 네 식구가 늘 웃음꽃을 피우는 화목한 가정으로 모든 사람들이 부러워했어요. 그런데 며칠 전, 출근하던 남편이 횡단보도에서 교통사고를 당하여 세상을 떴습니다. 저희 남편은 그 힘든 직장생활을 하면서도 늘 구김살 없는 얼굴로 가족들을 돌보아 왔습니다. 그런데 하늘도 무심하시지, 믿을 수가 없습니다. 어린 두 아이들을 생각하니 견딜 수가 없었습니다. 생각할수록 하나님이 미웠습니다. 지금도 남편의 모습이 집안 어느 곳에 있는 것만 같아요. 설상가상 어제는 큰아이가 혈액염이라는 희귀한 병에 걸려 입원을 하였습니다. 의사선생님의 말은 이 병은 완치라는 게 없고 계속해서 약을 먹어야 한다는 것이었습니다. 아이가 누워 있는 입원실에서 복받치는 심정에 울음을 터뜨렸습니다. 도무지 제 자신을 주체할 수가 없어서였습니다. 어느 누구나 겪어야 할 슬픔이라지만, 나에게는 너무나 갑작스레 닥쳐온 것들이기에, 이 슬픔이 너무나 너무나 원망스럽습니다."

◆ ◆

　사랑하는 한 집사님, 얼마나 힘드셨어요! 집사님의 슬픔이 너무도 안타까워 저도 어젯밤 한숨도 제대로 못 잤습니다. 어떻게 이런 일이! 어떻게 이렇게 한꺼번에! 지금 집사님이 슬퍼하시는 것은 지극히 당연합니다. 그리고 그 슬픔에 깊은 위로와 공감을 보내드립니다.

　집사님, 그런데 도대체 이 슬픔이란 게 무엇일까요? 집사님이 지금은 몹시 힘드시겠지만, 그래도 우리 인생에 닥쳐오는 슬픔의 의미를 잘 헤아릴 수만 있다면 이 슬픔의 파도를 헤쳐 가는 데 많은 도움이 될 것입니다.

　사랑하는 한 집사님, 무엇보다도 슬픔이란 우리 삶의 심오한 변화나 상실에 대한 자연스럽고도 필연적인 반응이랍니다. 슬픔은 가족이나 친구의 죽음, 가까운 이들과의 헤어짐, 별거나 이혼, 유산, 상처나 장애, 직장이나 재산이나 애완동물의 상실, 사람에 대한 실망, 꿈의 포기 등에 대한 건전하고도 인간적인 반응이지요.

　그런데 한 집사님, 우리가 경험할 수 있는 가장 큰 상실은 바로 사랑하는 사람이 세상을 떠났을 때입니다. 이런 슬픔이 고통스러운 경험이라는 것은 그 누구도 부인할 수 없는 사실이지요.

　　슬픔에 빠진 사람들은 공통적으로 다음과 같은 감정들을 겪게
됩니다.

1) 충격과 부인: "이건 현실이 아니야." 일종의 감정적인 "마비 현
   상"입니다. 지극히 정상적인 반응입니다. 사실 이러한 감정
   들은 곧 지나가게 될 것이고, 집사님은 상실이라는 현실을
   직시하게 될 것입니다.

2) 분노: "왜 하필 이런 일이 생긴단 말이야?" 뭔가 소중한 사
   람이나 사물을 상실한다는 것은 상처가 될 수 있으며, 부당
   한 처사라고 여겨질 수도 있습니다. 집사님은 그 상실을 막
   지 못한 것에 대하여 자신과 타인에게 분개와 분노를 느낄
   수 있습니다. 다소 시간이 걸리겠지만, 그래도 집사님은 그
   분노를 이겨낼 수 있습니다.

3) 죄책감: "내가 곧바로 뭔가 조치를 취하기만 했더라도…."
   집사님은 상실 직전에 자신이 뭔가를 했다거나 하지 못했다
   는 것 때문에 스스로를 비난할 수도 있어요. 하지만 집사님도
   인간이라는 사실을 잊지 마십시오. 또 집사님이 어쩔 수 없는
   사건들도 존재한다는 점을 꼭 기억하십시오.

4) 절망: "무슨 소용이야? 어차피 예전 같을 수는 없는 걸." 잠
   시 동안 집사님은 육체적으로나 정신적으로나 쇠진한 것처럼
   느낄 수 있으며, 일상적인 일들은 전혀 해낼 수 없다거나 전

혀 할 필요가 없다고 여길 수도 있습니다. 하지만 사실 집사님은 다시금 삶의 회복을 향하여 발걸음을 내딛게 될 것입니다. 어쩌면 처음에는 극히 작은 발걸음일 수도 있지요.

5) 외로움: "나 혼자서 해낼 수는 없어." 책임 증가와 사회적 삶의 변화는 한 집사님에게 외로움과 두려움을 안겨 줄 수도 있습니다. 그렇지만 새로운 도전에 부딪히고 새로운 인간관계를 발전시켜 나가면서 집사님은 이런 감정들을 극복하는 방법을 터득하게 될 것입니다.

6) 희망: "그래, 우리에겐 즐거운 순간들이 많았지. 하지만 앞으로도 좋은 일들이 더 많이 생길 거야." 집사님은 마침내 자신의 상실을 인정할 수 있는 단계에 이르게 될 것입니다. 집사님은 과거를 좀 덜 고통스럽게 기억할 수 있을 것이며, 희망으로 가득 찬 미래에 초점을 맞추게 될 것입니다. 아무리 힘든 삶이 닥쳐오더라도!

사랑하는 한 집사님, 그렇다면 이 상실을 어떻게 받아들일 수 있을까요?

무엇보다 집사님의 감정을 큰소리로 말하십시오. 그러면 집사님의 불안과 두려움을 인정할 수 있지요. 고통스러운 감정을 마음속에만 가둬놓는 것은 더욱더 많은 문제들의 원인이 될 수 있답니다. 대개의 경우, 목회자나 신앙공동체인 교회의 후원은 상실의 시기에 큰 위로가 될 수 있습니다. 도움을 청하십시오. 하지만 집사님이 알려주기 전에는 뭘 도와주어야 할지 잘 모른답니다.

한 집사님 자신에게 친절하십시오. 그리고 잘 견뎌내십시오. 어떤 날들은 다른 때보다 더 힘들 수 있습니다. 하지만 중요한 것은 집사님이 회복되리라는 믿음을 고수하는 것이랍니다. 상실로부터 완전히 회복될 때까지는 어떤 중요한 결정도 내리지 마십시오.

한 집사님 자신의 건강을 돌보십시오. 술이나 신경 안정제나 몸에 해로울 수 있는 약물들을 피하셔야 합니다. 그리고 한 집사님의 외모에 자신감을 가지십시오. 두통이나 욕지기, 현기증, 떨림, 가슴앓이, 호흡부족, 체중감소, 불면증, 무기력 등의 문제들을 조심하십시오.

그런 다음에는 긍정적인 사고방식을 되찾기 위하여 노력하십시오. 뭔가 생산적인 일을 한다는 것은 자신과 미래에 대한 느낌에 굉장한 효과를 미칠 수 있답니다.

그리고 그것을 장기적인 계획으로 발전시키십시오. 좀 더 먼 미래의 목표들을 기록하십시오. 정기적으로 한 집사님의 치유와 성장 과정을 점검하십시오. 만일 기대했던 바를 성취하지 못했더라도, 언제든지 집사님의 목표를 재점검하고 계획을 조절할 수 있습니다. 무엇보다도, 포기해서는 안 됩니다!

사랑하는 한 집사님, 어제 지하철을 기다리다 참 아름다운 글을 읽었습니다. 오래전 미국에 해리 로더라는 가수가 있었는데, 어느 날 공연 도중에 아들이 전선에서 사망했다는 소식을 들은 겁니다. 그러나 그는 사람들 앞에서 웃으며 노래를 불렀고 공연을 끝까지 마쳤습니다. 그리고 아들의 시신이 안치되어 있는 전선의 야전병원으로 달려갔습니다. 그는 여기에서 아들이 죽었지만 살아 있는 조국의 아들들이 많다는 것을 알고, 먼저 공연을 자청하였습니다. 그리고 전선의 무대에서 군인들에게 노래를 선사하였습니다. 그는 믿음의 사람이었지요. 아들의 죽음이 가져온 슬픔을 믿음으로 이겨 나갔습니다. 나중에 그는 한 잡지사와 인터뷰하면서, 과거의 고난을 이렇게 회고했습니다. "고난을 맞는 인간의 태도는 세 가지입니다. 이 세상을 비관함으로써 좌절하든지, 술을 계속 마심으로써 파멸을 당하든지, 하나님께 슬픔을 가져가든지…. 저는 슬픔을 하나님께 가져가 맡김으로써 위로와 힘을 얻었고, 그것을 다른 사람에게 증거할 수 있게 되었습니다."

그러므로 사랑하는 한 집사님, 상실과 슬픔은 삶의 본질적인 부분임을 명심하십시오. 슬픔의 국면들을 이해하십시오. 자신이 조절해 나갈 수 있다고 믿으십시오. 집사님의 상실을 인정하고, 그 경험을 딛고 성장하는 방법을 배우십시오. 필요할 경우에는 도움을 청하십시오. 다시 한 번 가장 충만한 삶을 누리는 방법을 배우십시오! 그리고 상처 입은 치유자로서 서로의 슬픔을 나누십시오. 기쁨은 나눌수록 커지지만, 슬픔은 나눌수록 작아지기 때문입니다.

 **나 눔**

1. 지금 내 마음을 0부터 10으로 표현해 본다면?

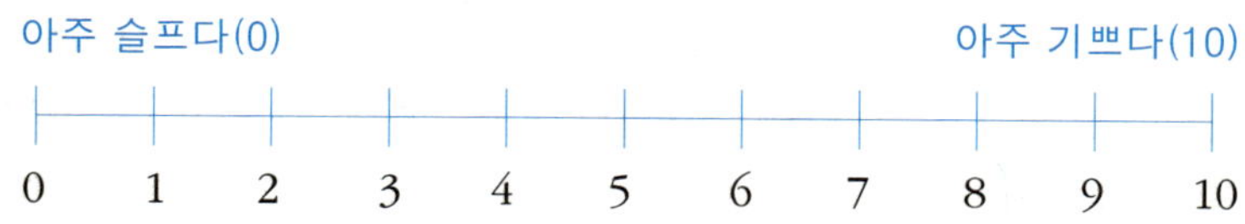

2. 살아오면서 심하게 슬픔을 느껴 본 적이 있습니까?

3. 그 동안의 경험으로 보아, 슬픔을 치유하는 데 어떤 요소들
   이 도움이 되었습니까?

4. 오늘 말씀을 3번 크게 읽고, 아래에 1번 쓰고, 한 주간 동안
   암송해 봅시다.

제 5 과

초대받지 않은 손님

- 우울증의 치유 -

♥ **전체 순서**

경배찬양 : '내 영혼의 치유찬양' 가운데 두세 곡 (부록참조)

대표기도 : 구역원 가운데

성　　경 : 시편 43편 5절

교재읽기 : 다같이

나　　눔 : 다같이

봉헌찬송 : 86장

봉헌기도 : 구역장 또는 구역원

주기도문 : 다같이

초대받지 않은 손님

- 우울증의 치유 -

"사람 만나기가 싫습니다. 의욕도 없고, 잠도 제대로 오지 않고, 침울해지곤 합니다. 자연 말수도 적어지고 표정도 어두워지는데, 이상하게도 이럴 때는 기도도 제대로 되지 않습니다. 마음은 불 꺼진 난로처럼 싸늘하게 식어 버리지요. 완전히 딴사람이 되어, 내 마음 하나를 주체하지 못하고 쩔쩔매곤 합니다. 우울증도 전염되는지 온 집안이 생기를 잃어버립니다. 참으로 미안하지만, 그렇다고 일부러 명랑한 체 떠벌릴 수도 없습니다. 그렇지 않아도 살기 힘든 이 인생살이에서 나라는 존재가 밝은 희망을 주지 못하고, 어두운 절망감을 전염시키는 바이러스가 되어 버리는 것 같아 미안해서 견딜 수가 없습니다. 아침에 일어나면 하루가 막막합니다. 하루하루가 건너지 못할 사막처럼 느껴집니다."

사랑하는 김 집사님, 요즘 무척 힘들지요? 집사님은 지금 깊은 우울의 터널을 지나고 있는 것 같습니다. 집사님처럼 그런 마음의 아픔을 가지고 찾아오는 이들이 요즘 꽤 많은데, 그 때마다 이 우울의 고통을 어떻게 나눌 수 있을까 고민이 많습니다. 그래서 오늘 저는 집사님과 이 우울의 그림자를 추적해 가면서 그 치유의 길을 한번 모색해 보려고 합니다.

무엇보다도 우울증은 인간의 정신이나 영혼의 모든 부분에 영향을 미치는 파괴적인 병입니다. 그 고통은 다리가 부러졌을 때 경험하는 육체적 고통보다 더욱 쓰라리지요. 하지만 아주 서서히 나타나기에, 수많은 이들이 육체의 아픔보다 이 우울증이 더 고통스럽다는 것을 깨닫지 못한 채 마냥 힘들어하기만 합니다.

우울증은 한 마디로 정의 내리기 어려운 단어입니다. 사람들은 이 우울증을 감정의 미묘한 흔들림에서 정신병에 이르는, 행동의 스펙트럼이라고 간주합니다. 우울증은 하나의 증상이자 질병이며 반작용입니다. 그것은 무언가가 잘못되었다고 우리의 주의를 불러일으키는 하나의 경고 장치입니다. 우울증은 생(生)에 대한 반작용, 특히 삶에서 경험하는 많은 상실에 대한 하나의 반작용입니다. 이 우울증에는 언제나 이유가 있습니다.

김 집사님, 지금 집사님이 알고 있는 우울증은 사실 '응고된 분노’입니다. 우울증은 마음에 있는 분을 참는 사람, 또는 분을 함부로 쏟아 놓는 사람들에게 반드시 찾아들기 마련입니다. 우리는 가정에서나 학교에서나 교회에서 분노의 감정을 바르게 표출하지 못하며 살아왔습니다. 그래서 그런지 그 분노의 감정을 억압하는 데 익숙해 있습니다.

그래도 쌓인 감정을 다른 용납될 수 있는 방법으로 발산할 수 있는 사람은 비교적 건강하게 살아갈 수 있지만, 어디에서도 그 억울한 분노의 앙금을 표출할 기회를 갖지 못한 사람에게서는 이런 식의 우울 증상이 나타나는 것을 보게 됩니다. 의욕이 사라져 버리고 마음은 간절한데 육신이 전혀 말을 듣지 않는 상태, 그 밑바닥에는 풀리기만을 기다리는 한(恨)의 응어리가 도사리고 있음을 알아야 합니다.

우울증의 원인으로 자기 가치의 상실 곧 낮은 자존감을 들 수도 있습니다. 부모로부터 지나친 과보호나 무관심 속에서 성장한 아이는 낮은 자존감을 갖게 됩니다. 이는 참기 어려운 짐이 되고, 자신에 대한 분노가 점점 커지면 병적인 우울증으로 깊어만 갑니다.

또한 지나치게 엄격한 부모, 자신의 요구를 받아들이지 않는 냉정한 어머니, 무기력하고 수동적인 아버지, 또는 아버지가 안 계시거나 잦은 출장으로 자녀들과 시간을 같이 보내지 않은 가정에서 자란 아이 역시 낮은 자존감 때문에 우울증에 빠지기 쉽습니다.

　다른 사람과 사귐성이 부족한 것, 다시 말해서 외로움이 우울증을 촉발하기도 합니다. 외로움을 느끼는 사람들은 자신을 거절했다고 생각하는 사람들에 대하여 원망을 쌓아갈 뿐만 아니라, 거절당했다는 느낌 때문에 자신에 대한 원망을 쌓습니다. 이런 사람은 동료나 절친한 친구의 죽음을 허락하신 하나님께도 심한 불만을 품지요. 이렇게 쌓여진 원망이 생화학적 변화를 가져와 우울증을 일으키게 되는 겁니다.

　김 집사님, 이러한 우울의 그림자를 치유하기 위해서는 우선 비논리적인 사고에서 벗어나야 합니다. 특히 삶은 언제나 공정해야 한다는 비논리적인 신념이 강할수록, 그것이 지켜지지 않는 상황에서 분노하고 좌절합니다. 불공정할 수도 있는 것이 삶이라는 것을 받아들이십시오.

　둘째로, ‘하필이면 왜 내게…’ 를 ‘왜 나라고…’ 로 바꾸어 생각하십시오. 늘 안 좋은 일이 생길 때마나 ‘왜 하필 내게….’ 라고 생각하면 억울해지고 우울해집니다. 그러나 ‘나라고 그런 일을 당하지 말란 법은 없지 않은가’ 라고 일반적으로 생각하면 기분이 달라지지요.

　셋째로, 우울한 일에 집착하기보다는 좋아하는 일에 몰두하십시오. 우울한 사람들은 돌이킬 수 없는 사건들만 계속 생각하는 경향이 있습니다. 이런 생각을 바꿔서, 먹고 싶은 것을 먹는 것, 사고 싶은 것을 사는 것, 그 동안 하지 못했던 취미 생활에 관심을 갖는 것 등에 관심을 가지십시오. 그 어떤 것이라도 신세를 한탄하고 있는 것보다는 낫습니다.

넷째로, 사소한 일에도 감사하며 즐거운 일이나 희망찬 사람들과 어울리십시오. 억압된 분노에 사로잡혀 있으면, 감사하지 못하고 매사에 방어적이거나 자기중심적이어서 고립되기 쉽습니다. 이 일이 쉽지는 않겠지요. 하지만 점점 관계를 지속시켜 나아가려는 자세가 중요합니다.

무엇보다도 구멍이 뻥 뚫린 김 집사님의 공허한 마음속에 무엇이 들어있는지 그 내용을 진솔하게 탐구해야 합니다. 내면세계의 그림자를 통찰하는 것은 고통스러운 일입니다. 그러나 그 고통 때문에 내면의 문제를 덮어둘 순 없습니다.

영적 자존감을 회복하십시오. 비록 우울한 기분에 사로잡혀 세상 사람들에게 가치 없는 사람으로 인식될지라도, 김 집사님이 하나님의 은혜로 세워진 사람임을 긍지로 여기십시오. 하나님이 보시기에 나는 누구인가, 나에게 하나님은 어떤 분인가를 분명히 하십시오.

사랑하는 김 집사님, 우울의 폭풍 속에서도 하나님의 마음을 읽으십시오. 하나님께 합당한 사람이 되려고 노력하십시오. 집사님이 만나는 사람이나 상황에 대하여 하나님의 생각이 무엇인지 알아보십시오. 김 집사님이 도시 한복판에 살고 있을지라도, 하나님이 함께 하시지 않으면 그곳은 가장 위험한 곳입니다. 반대로 시골 한구석 깊은 골짜기에 있을지라도, 하나님이 함께 하시면 그곳이 가장 안전한 곳입니다.

나 눔

1. 지금 내 마음을 0부터 10으로 표현해 본다면?

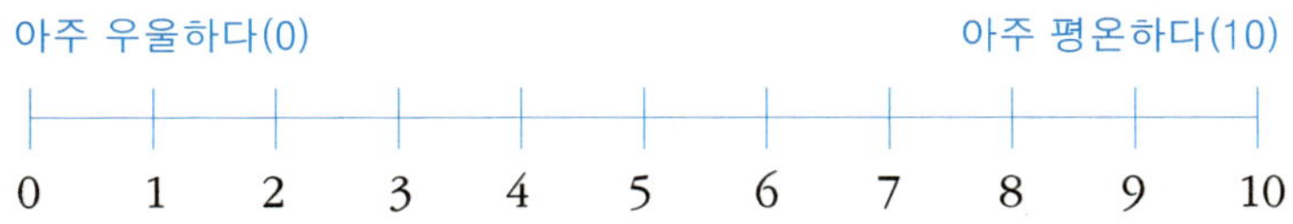

2. 부록3의 '나의 타고난 기질 이해'를 참조해 볼 때, 내 안에 우울한 기질이 어느 정도 자리하고 있습니까?

3. 그 동안의 경험으로 보아, 우울한 느낌이 들 때 어떤 요소들이 치유에 도움이 되었습니까?

4. 오늘 말씀을 3번 크게 읽고, 아래에 1번 쓰고, 한 주간 동안 암송해 봅시다.

제6과

울화통이 터질 때

– 분노의 치유 –

♥ **전체 순서**

경배찬양 : '내 영혼의 치유찬양' 가운데 두세 곡 (부록참조)

대표기도 : 구역원 가운데

성　　경 : 잠언 12장 16절

교재읽기 : 다같이

나　　눔 : 다같이

봉헌찬송 : 197장

봉헌기도 : 구역장 또는 구역원

주기도문 : 다같이

울화통이 터질 때
- 분노의 치유 -

"녹음은 무성하게 푸르고 꽃들도 아름다운데, 왜 이리도 증오가 무럭무럭 자라는지. 자연에서 학대받고 있다는 느낌. 왜 이리도 짜증이 나는지. 왜 이리도 감정 조절이 안 되는지. 보기도 싫고, 하기도 싫고. 모든 게 역겹고, 사는 게 귀찮다. 그리스도인이라는 멍에가 내 목을 더욱 더 옥죄어 온다. 힘들다. 태양의 삼투압. 태양이 내 생명을 빼앗아 모조리 흡수해 가버리기에, 나는 빨래처럼 앙상하고 버석버석 말려지는 느낌. 물기는 없고 살기만 남겨지는 느낌⋯."

◆ ◆

  사랑하는 남 집사님, 집사님이 지난번 목양실에서 저에게 호소한 문제는 다름 아닌 분노의 감정이었습니다. 사소한 일인데도 짜증이 나고, 잘못된 일을 보게 되면 속에서부터 올라오는 화를 참을 수가 없다고 하셨지요? 특히 누군가가 피곤하게 하면 큰소리라도 버럭 지르고 싶다고 하셨지요? 예수 믿는 것 때문에 맘대로 화를 낼 수도 없고, 그렇다고 그런 감정을 억누르고 지내자니 그저 답답할 뿐이라고 외치던 남 집사님의 분노가 지금 제 가슴에까지 메아리쳐 옵니다.

  남 집사님, 과연 분노란 무엇일까요? 그것은 우리 모두가 때때로 느끼는 강력한 감정입니다. 그리고 그것은 전적으로 정상적인 감정입니다. 분노는 집사님이 다음과 같이 말할 때 느끼는 것이지요.

  "네 태도가 날 진짜 열 받게 하고 있어."
  "내가 진짜 그랬다고?"
  "네가 계속 그런 식으로 나오면, 나는 미쳐버릴 것 같아."
  "그럴싸한 네 농간에 내가 이 지경까지 됐다구."
  "이 웬수야!"

  오늘 우리 교회나 가정이나 직장에서 가장 다루기 서툰 감정이 분노입니다. 그런데 사람들이 분노하게 되는 데는 몇 가지

공통적인 원인이 있습니다.

첫째는, 좌절입니다. "진짜 못해 먹겠네. 난 이렇게 사는 게 너무 싫어, 오늘도 결코 좋은 소리 못 들을 거야!"

둘째는, 상처입니다. "당신이 나한테 어떻게 그런 말을 할 수 있어? 난 당신이 날 사랑하는 줄 알았는데."

셋째는, 짜증나게 하는 일입니다. "너 이번 주 늦은 게 벌써 세 번째야!"

넷째는, 실망입니다. "휴가 가려고 다 준비해 놨는데, 취소라니! 해도 해도 너무 하는 거 아냐?"

다섯째는, 괴롭힘이지요. "내 뒤에서 좀 떨어져. 도대체 왜 이렇게 찝쩍거리면서 못살게 구는 거야."

여섯째는, 위협입니다. "야, 행운을 차지 마. 이런 기회는 또 없을 거야."

분노 때문에 실제로 남 집사님이 '피가 끓어오른다' 거나 눈이 '충혈된다' 거나 하는 것은 아닙니다. 그러나 그것 때문에 집사님 몸에 어떤 변화들이 야기되는 건 사실입니다. 곧 좀 더 많은 당과 아드레날린이 혈관 속으로 흘러 들어갑니다. 심장 고동이 더 빨라지고 혈압이 올라갑니다. 피의 흐름이 빨라지고 근육이 긴장됩니다. 달리 표현하자면, 몸이 행동에 필요한 에너지를 발생시키면서, 남 집사님의 컨디션이 매우 나빠지지요.

분노는 남 집사님의 친구가 될 수도 있고, 적이 될 수도 있습니다. 집사님이 그것을 어떻게 표현하느냐에 달려 있습니다. 분노를 인정하고 적절하게 표현할 수 있는 방법을 앎으로써, 남 집사님은 목적 달성, 문제 해결, 급박한 일의 처리, 건강 보호에 도움을 받을 수 있습니다. 하지만 분노를 인정하고 이해하는 데 실패하면, 집사님은 건강 문제, 긴장, 사고, 인간관계의 어려움을 겪게 됩니다.

통제되지 않은 분노는 위험할 수 있습니다. 그것은 다음과 같은 것을 유발하지요. 첫째, 범죄입니다. 때때로 강간, 재산 파괴, 살인, 그리고 그 밖의 다른 범죄 행위의 이면을 보면 분노가 숨 쉬고 있음을 알 수 있습니다.

둘째, 학대입니다. 예컨대, 분노를 자제하지 못하는 사람은 가까이 있는 이들에게 심각한 육체적·정신적 손상을 가할 수 있습니다.

셋째는, 더욱 폭력적인 행위이지요. 주변 사람들에게 분노를 터뜨림으로써 그들을 통제하는 데 성공하는 사람은 계속해서 그런 식의 분노를 즐기게 됩니다. 분노가 더 강하게 싹트면 싹

틀수록, 육체적인 폭력의 기회도 증가하게 되지요.

그렇다면 분노를 어떻게 다룰 수 있을까요? 무엇보다도 먼저, 집사님의 분노를 인정하십시오. 그리고 그것을 집사님 스스로 수용하십시오. 기억하실 것은, 분노란 정상적인 인간의 감정이기 때문에, 그것에 대하여 부끄러워하거나 죄책감을 느낄 필요가 전혀 없다는 사실입니다. '숨어 있는' 분노의 표징들, 곧 긴장된 근육, 사고 칠 우려, 좌절감이나 실망감, 비꼬는 경향에 대하여 주목하십시오.

둘째로, 원인을 확실히 파악하십시오. 집사님의 분노에는 원인이 있지요. 부주의한 운전자가 집사님 차를 받았을 때처럼 그 원인이 분명할 때도 있지만, 어떤 때는 분노의 원인이 처음 생각했던 것과 전혀 다를 수도 있습니다. 이를테면, 바퀴가 터졌다고 애꿎은 바퀴를 찰 때가 있으나, 실은 고장 난 잭을 고쳐 놓지 않았던 자신에 대하여 화를 내고 있는 거지요.

셋째는, 해야 할 일을 결정하십시오, 그리고 그 결정을 밀고 나가십시오. 집사님이 해야 할 일은 상황에 따라 다를 것입니다. 그러나 일반적으로, 남 집사님이 해야 할 일은 분노를 야기한 문제나 상황을 해결하려면 어떤 선택이 필요한지 결정하는 것입니다. 예를 들면, 분노를 직접적으로 표출하는 것이 유익을 가져다 줄 것 같은가, 아니면 더 해를 끼치게 될 것 같은가를 곰곰이 생각해 보십시오. 남 집사님이 선택한 것을 이행하기 위하여 적극적인 단계를 밟으십시오. 피할 수 없는 짜증거리, 반복적인 일상, 고된 업무와 잦은 근무, 윗사람들의 모순된 말이나 지시 등에 대하여 화를 안 낼 수 있는 방법들을 배워 놓으시면, 여러모로 도움이 되실 겁니다.

남 집사님, 분노와 맞닥뜨릴 때 침착하십시오. 동기를 이해하십시오. 주장을 분명하게 하십시오. 도움을 찾으십시오. 하지만, 개인적인 면을 앞에 두지 마십시오. 말없이 뾰루퉁하지 마십시오. 성질 급한 사람을 좋아하는 사람은 아무도 없습니다. 그러므로 남 집사님이 조금이라도 성질이 나는 것을 느낄 때는 유머, 육체적인 활동, 휴식과 기분 전환, 다른 활동이나 아이디어를 모색해 보십시오.

누군가의 분노가 위험 수위에 다다를 때, 남 집사님은 침착하십시오. 신중하십시오. 잘 들어 주십시오. 분노의 원인을 곰곰이 생각해 보십시오. 맞대응하지 마십시오. 폭력을 막을 수 있는 지혜가 여기 있습니다.

결국 남 집사님이 확실히 해야 할 것은, 분노는 1차 감정이 아니라 2차 감정이라는 것입니다. 분노는 뜨거운 것을 만지고 "앗, 뜨거워!" 하는 것과 같은 반응이 아니라, 화나게 만드는 상황에 대한 남 집사님 자신의 해석과 선택입니다. 그러므로 분노의 주체는 화나게 만든 사람이 아니라, 화를 내려고 선택한 남 집사님 자신이라는 것을 잊지 말아야 합니다. 그 누구도 남 집

사님을 화나게 할 수 없습니다. 남 집사님 스스로가 화를 내기로
결정한 것일 뿐입니다.

사랑하는 남 집사님, 분노는 건강한 인간의 감정입니다. 그러
므로 집사님 자신과 다른 사람들 속에 있는 분노를 인정하는 법
을 배우십시오. 집사님이 내는 분노의 실제적인 이유를 이해하십
시오. 집사님의 분노를 표현할 수 있는 건강하고 건설적인 방법
을 발견하십시오. 그래서 이 아름다운 계절, 남 집사님이 분노의
노예가 되어버리기보다 분노의 파도를 지혜롭게 조절할 수 있는
멋진 선장이 될 수 있기를 빕니다.

끝으로, 남 집사님, 생활하시면서 분노가 치밀어 오를 때면, 그
분노의 궁극적 치유자가 되시는 주님께 이렇게 기도를 드려보지
않으시겠습니까?

"사랑의 주님, 제 마음이 왜 이럴까요? 이러면 안 되는데 싶
으면서도 도무지 참을 수가 없습니다. 왜 저 사람이 나한테 이럴
까? 생각하면 할수록 괘씸해집니다. 분통이 터지고 잠도 오지 않
습니다. 밥맛도 없고 도무지 일이 손에 잡히지 않습니다. 주님,
저를 굽어 살펴 주십시오. 제 마음을 어루만져 주십시오. 저는 할
수 없사오나, 주님은 하실 수 있으시니, 부디 제가 마음의 평정을
찾게 해주십시오. 저는 분노라는 단어가 오히려 저에게 상처를
입혀, 이 감정을 붙잡고 있을수록 고통스러워질 뿐임을 잘 알고
있습니다. 용서의 주님, 이제 그를 위해서, 그리고 나아가 저를

위해서 용서라는 단어를 떠올리게 해주십시오. 제가 남을 용서하기 전에 주님이 저를 용서하신 것을 기억하게 해주십시오. 하찮은 것들에 더 이상 마음을 쓰지 않게 해주십시오. 도우시어, 용서하고 잊어버리게 해주십시오. 마음이 고요해짐으로 만물이 새로워짐을 느끼게 해주십시오. 주님의 은총을 기다립니다. 예수님 이름으로 기도드립니다. 아멘."

 ## 나 눔

1. 지금 내 마음을 0부터 10으로 표현해 본다면?

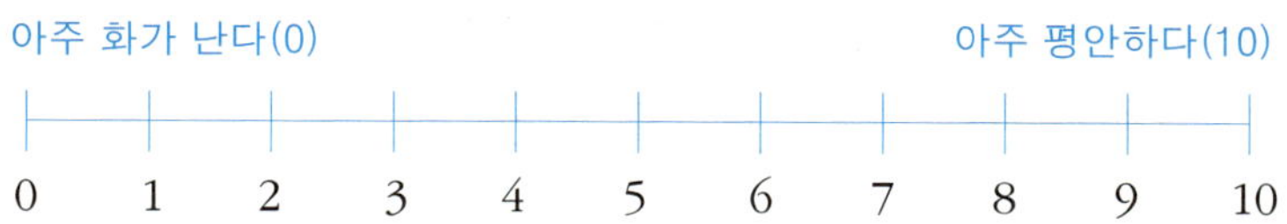

2. 부록3의 '나의 타고난 기질 이해'를 참조해 볼 때, 내 안에 다혈질이 어느 정도 자리하고 있습니까?

3. 그 동안의 경험으로 보아, 분노를 치유하는 데 어떤 요소들이 도움이 되었습니까?

4. 오늘 말씀을 3번 크게 읽고, 아래에 1번 쓰고, 한 주간 동안 암송해 봅시다.

제 7 과

그래, 가끔 하늘을 보자

- 스트레스의 치유 -

♥ **전체 순서**

경배찬양 : '내 영혼의 치유찬양' 가운데 두세 곡 (부록참조)

대표기도 : 구역원 가운데

성　　경 : 마태복음 11장 28절

교재읽기 : 다같이

나　　눔 : 다같이

봉헌찬송 : 134장

봉헌기도 : 구역장 또는 구역원

주기도문 : 다같이

그래, 가끔 하늘을 보자
- 스트레스의 치유 -

"가슴이 두근두근 조여 오고, 숨이 막힙니다. 근육이 경련을 일으키는데 팔다리도 부들부들 떨리는 거 있지요? 머리가 지근지근 쑤셔서 잠시도 안정을 누릴 수가 없습니다. 밤잠을 서너 시간밖에 못 자고 계속 뒤척입니다. 갑자기 체중도 6킬로그램이나 줄었어요. 세상에 혼자서만 뭐가 잘못된 것 같아요. 억지로 식사라도 해보려고 하지만, 밥알이 모래알을 씹는 것 같습니다. 만사가 귀찮고, 의욕도 없고, 짜증만 납니다. 옆에서 관심을 가져 주는 것도 귀찮습니다. 꼴도 말이 아닙니다. 몸도 마음도 다 망가지고 있습니다. 삶이 이렇게 허망할 수가 있나요? 나 때문에 눈치 보며, 대화도 없고 웃음도 없어져 버린 집안 분위기가 너무 안 됐어요."

사랑하는 정 집사님, 사는 게 버거우시지요? 집사님과 상담을 하다 보니, 여기저기서 스트레스를 많이 받고 계시는 것을 발견하였습니다. 스트레스! 이 시대는 가히 '스트레스' 의 시대라 할 만합니다. 하루에도 몇 번씩 우리 입에서 "스트레스 받는다!"는 말이 쏟아져 나옵니다. 스트레스를 먹고, 스트레스를 입고, 스트레스를 마시고, 스트레스와 함께 현대사회의 메마른 아스팔트 위를 배회합니다. 이 '스트레스' (stress)라는 말은 물론 영어이지만, 이제는 텔레비전이나 아이스크림처럼 완전히 일상 언어가 되어 버렸습니다.

정 집사님, 여기 홈즈와 래(Holmes & Rahe)가 만든 "스트레스 수치 분석표" 가 있습니다. 그들은 기쁜 일이나 괴로운 일 모두가 생활의 변화를 의미하는 한 스트레스가 되며, 생활사건 하나하나의 심각성이 문제가 아니라, 그 사건들의 전체 영향 곧 생활변화량이 중요하다는 사실을 밝혀냈습니다. 아래의 표에서 스트레스 수치를 더한 결과가 300이상이 나오면, 그 중의 80퍼센트 이상은 신체적, 정신적 질병에 걸릴 가능성이 있습니다. 150~199면 비교적 가벼운 생활위기, 200~299면 중간정도의 위기, 300 이상이면 심각한 생활위기라고 볼 수 있습니다.

◆ 스트레스 수치 분석표

■ 생의 사건	■ 스트레스 수치
배우자 사망	100
이 혼	73
부부별거	65
투 옥	63
가족사망	63
부상이나 질병	53
결 혼	50
해 고	47
결혼갈등의 화해	45
은 퇴	45
가족건강의 변화	44
임 신	40
성적인 장애	39
식구의 증가	39
사업상의 변화	39
재정수지의 변화	38
친한 친구의 죽음	37
이직 및 직업변경	36
부부싸움 횟수의 변화	35
저당이나 융자	31
저당권 상실	30

집사님, 이제 좀 이해가 되시나요? 보셨듯이, 남녀노소 할 것 없이 스트레스를 받습니다. 하는 일이 뜻대로 풀려나가지 않으면, 그것이 스트레스입니다. 출퇴근 시간에 콩나물시루처럼 지하철에서 시달리는 것도 스트레스이고, 교통 체증으로 차 안에서 마냥 기다리는 것도 스트레스이며, 공부나 시험도 스트레스입니다. 업무가 많아도 스트레스이고, 사랑하는 사람이 결별을 선언해도 스트레스이며, 사업이 안 되어도 또 너무 잘 되어서 눈코 뜰 새 없이 바빠도 스트레스입니다. 실직이나 이혼 못지않게 승진이나 결혼도 스트레스가 될 수 있습니다. 아무튼 누구나 인생의 봄·여름·가을·겨울을 사는 동안, 긍정적이든 부정적이든 스트레스를 받게 마련입니다.

하지만, 그것이 누적되면 병을 가져옵니다. 만병의 근원이지요. 스트레스는 그야말로 지독한 '현대병'(現代病)이라고 할 수 있습니다. 바쁘게 바쁘게 달려 온 우리 현대인의 삶이 이렇게 스트레스를 받아 아파하는 소리를 내는 것도 어쩌면 당연한 결과 아닐까요?

그렇다면 정 집사님, 스트레스란 정확하게 무엇일까요? 무엇보다도 그것은 긴장과 관련되어 있습니다. 새롭거나 불쾌하거나 위협적인 상황에 처했을 경우 느끼게 되는 것입니다. 스트레스는 위험이나 요구에 따르는 자동적인 신체반응입니다. 근육이 뻣뻣해지고, 혈압이 높아지고, 심장 박동이 빨라지고, 아드레날린의 분비가 많아지지요. 이것은 오랜 세월에 걸친 생존 반응입니다.

그 목적은 위험과 싸우는 데–또는 위험으로부터 도망치는 데–
필요한 힘을 부여하는 데 있습니다.

　누구나 스트레스의 영향을 느끼고 있습니다. 스트레스는 생
활의 한 요소입니다. 어떤 스트레스는 정 집사님에게 이로울 수
도 있습니다. 정 집사님이 삶의 도전에 좀 더 잘 응하도록 고무
시켜 주기 때문이죠. 하지만 너무 지나친 스트레스는 정 집사님
의 육체적, 정신적 행복을 해치게 된답니다. 바로 그 때문에 스
트레스를 조절해야 되는 것입니다. 스트레스가 정 집사님을 조
절하지 못하도록 말이죠.

　이 스트레스가 정 집사님에게 미치는 영향은 어떤 것일까요?
스트레스의 신체적 징후로는 신경과민, 손톱을 물어뜯음, 수족
냉증, 근육긴장, 무기력, 두통 등이 있습니다. 그리고 스트레스
의 심리적 징후로는 혼란, 우울증, 수면이나 식사나 성행활의
변화, 기분 변화, 알코올과 약물 사용의 증가 등을 들 수 있습
니다.

　정 집사님, 이 해로운 스트레스를 조절하기 위해서 다음과 같
은 원칙에 따라 개인적인 스트레스 조절 프로그램을 짜보십시오.

1. **정 집사님이 즐길 수 있는 일을 하십시오.** 물론 하고 싶지
   않은 일들도 있겠지요. 그러나 어차피 해야 할 일이라면 그
   것을 즐기십시오. 삶의 태도를 어떻게 견지하느냐에 따라

정 집사님의 행복과 불행이 판가름 납니다.

2. 운동은 육체적 긴장과 정신적 긴장을 해소할 수 있는 멋진 방법이지요! 연구 결과들을 보면, 운동을 하는 동안에(이른 바 "엔돌핀"이라고 불리는) 신경 안정제가 뇌에서 분비됩니다. 운동은 유쾌하게 긴장을 완화시켜 주지요. 자연스럽게 말이죠! 정 집사님이 매력을 느낄 수 있는 운동을 아무거나 선택하십시오. 대부분의 의사들은 매주 3~4회 정도에 걸쳐서 최소한 30분 정도는 운동을 할 것을 권하지요. 그러나 과도한 운동은 삼가십시오. 점점 운동량을 늘려 가십시오. 운동을 시작하거나 끝낼 때마다 워킹과 스트레칭으로 진정을 시켜 주십시오!

3. 심호흡을 해보십시오. 올바른 호흡은 스트레스를 줄이기 위한 가장 효과적인 기술들 가운데 하나입니다. 우리의 호흡 방식은 근육의 긴장과 사고방식과 감정에 영향을 미친답니다. 먼저, 팔과 어깨를 느슨하게 펴십시오. 머리로 원을 몇 번 그리십시오. 처음에는 오른쪽으로, 그 다음에는 왼쪽으로 돌리십시오. 눈을 감으십시오. 숨을 깊게 들이쉰 다음 내뱉으십시오. 반복하십시오. 호흡에 정신을 집중하십시오. 스트레스가 되는 생각들은 뒤로 젖혀 두십시오.

4. 충분한 수면을 취하십시오. 그러면 확실히 힘차고 민첩하게 날마다 도전에 응할 수 있을 거예요.

5. **현명하게 시간을 관리하십시오.** 날마다 해야 할 일들의 목록을 정하십시오. 그러면 순서 있게 효과적으로 일상적인 일들을 꾸며 나갈 수 있을 것입니다. 한꺼번에 모든 일을 다 해내려고 애쓰지는 마십시오. 현실적인 목표를 정하십시오. 우선순위를 정하십시오. 오늘 할 수 있는 것과 할 수 없는 것을 분명히 하십시오.

6. **분노를 쫓아내 버리십시오.** 분노가 정 집사님을 이기게 내버려두지 마십시오.

7. **가볍게 드십시오.** 가볍게 먹으면 기분도 가벼워지죠. 설탕이나 소금, 그리고 살찌는 음식들을 절제하십시오. 가능한 한 과일과 채소, 그리고 자연 식품을 드십시오.

8. **걱정을 털어놓으십시오.** 신뢰할 만한 사람, 곧 목사님이나 구역장이나 신실한 친구와 대화를 나누는 것은 정 집사님의 문제를 올바르게 파악하기 위한 좋은 방법입니다.

9. **휴식을 취하십시오!** 가끔씩 일에서 벗어나 휴식을 취하십시오. 그러면 기분이 새로워지고 긴장도 풀릴 거예요.

10. **스트레스 조절의 대용품을 찾지 마십시오.** 다시 말해서 알코올이나 약물이나 담배의 섭취를 줄이거나 배제해야 됩니다. 알코올은 잠깐 동안 스트레스를 감출 수 있지요. 하지

만 정서적 긴장과 육체적 긴장을 지울 수는 없답니다. 카페인도 마찬가지입니다. 커피나 차를 온종일 마시는 것으로 강렬한 힘을 지속시킬 수는 있으나, 마음을 편안하게 해주지는 못하죠. 니코틴은 또 어떻고요. 흡연은 심장 박동을 빠르게 하고, 혈압도 높여 주고, 신체에서 산소를 빼앗아 가기도 하며, 스트레스를 줄일 수 있는 능력을 방해하기도 하지요. 진정제나 신경 안정제도 안 좋습니다.

사랑하는 정 집사님, 가족들을 돌보느라, 업무를 처리하느라, 사람들을 상대하느라 스트레스가 많지요? 이제 그 스트레스에 대해서 배우십시오. 정 집사님 삶에서 스트레스를 주는 상황을 인식하십시오. 해로운 스트레스의 원인들을 줄여 나가기 위하여 단계를 밟으십시오. 정 집사님이 즐길 수 있는 스트레스 감소 기술을 발견하십시오. 그리고 그 방법에 계속 몰두하십시오. 오늘부터 정 집사님의 개인적인 스트레스 조절 프로그램을 시작하십시오!

그렇습니다. 현대병의 주범인 이 스트레스를 치유하기 위해서는 가끔씩 하늘을 보는 마음의 여유가 필요합니다. 시인 김영랑이 노래하듯이, 내 마음 고요히 고운 봄길 위에 오늘 하루 하늘을 우러러 봄 직합니다.

돌담에 속삭이는 햇발같이
풀 아래 웃음 짓는 샘물같이
내 마음 고요히 고운 봄길 위에
오늘 하루 하늘을 우러르고 싶다……

 **나 눔**

1. 지금 내 마음을 0부터 10으로 표현해 본다면?

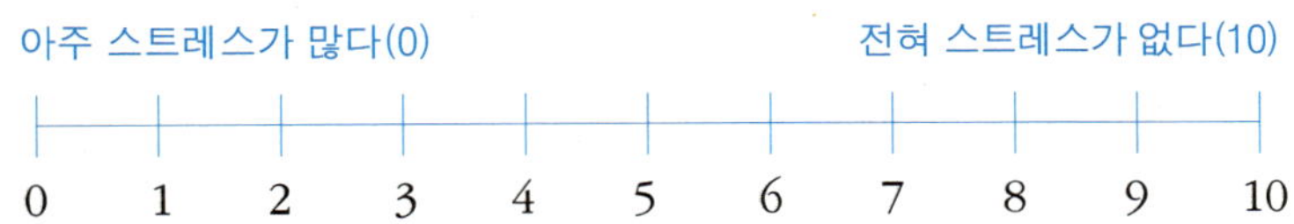

2. 부록4에 있는 '내 마음의 감정언어' 가운데 내가 가장 많이 쓰는 감정언어는 어떤 것들인지 각 항목별로 1개씩만 골라 보세요.

3. 그 동안의 경험으로 보아, 스트레스를 치유하는 데 어떤 요소들이 도움이 되었습니까?

4. 오늘 말씀을 3번 크게 읽고, 아래에 1번 쓰고, 한 주간 동안 암송해 봅시다.

제 8과

내 방엔 거울이 없다

– 거짓자기의 치유 –

♥ **전체 순서**

경배찬양 : '내 영혼의 치유찬양' 가운데 두세 곡 (부록참조)

대표기도 : 구역원 가운데

성   경 : 사무엘하 7장 18절

교재읽기 : 다같이

나   눔 : 다같이

봉헌찬송 : 310장

봉헌기도 : 구역장 또는 구역원

주기도문 : 다같이

내 방엔 거울이 없다
- 거짓자기의 치유 -

"105번 버스 안, 빈자리가 없어 좌석 손잡이 잡고 서 있었어요. 그렇게 조금을 서 있으려니 빈자리가 눈에 띄어, 아무 생각 없이 그 자리에 몸을 던지듯 털썩 주저앉았지요. 순간, 나를 주시하는 눈길이 느껴졌어요. 20대 중반의 늘씬하고 싱그러워 보이는 여자가 냉소어린 눈으로 내 위아래를 훑고는 창밖으로 시선을 돌려버렸어요. 깔끔한 정장에 세련된 백, 그리고 색의 조화를 잘 맞춘 스타킹과 구두. 그녀는 내 20대 시절만큼이나 도전적이고 당당해 보였어요. 얼굴이 화끈거리고 모멸감을 느꼈지요. 나는 다음 정류장에서 도망치듯 버스를 빠져나와 버렸어요. 집으로 돌아온 내 머리 속으로, 그 20대 여자의 냉소어린 눈길이 집요하게 떠올랐어요. 옷을 갈아입으면서 거울에 비친 모습을 물끄러미 바라보았지요. 그 속엔 한 지친 여인이 서 있었어요. 41살, 생기를 잃은 눈, 잔주름투성이의 짜증스런 입술, 두 번의 출산으로 늘어진 뱃살, 외로운 가슴, 처진 엉덩이…. 아이들과 남편을 위해 헌신적으로 살아온 그 세월조차 부질없이 느껴져요. 가정에 헌신적이었던 만큼 나에겐 능력도 취미도 친구도 없어요. 고작해야 TV시청, 라디오 청취, 그게 전부지요. 허무

해요. 소외감이 밀려와요. 텅 빈 32평의 정적이 내 가슴을 죄어
와요."

◆ ◆

사랑하는 송 집사님, 새벽기도가 끝나고 교회 앞마당을 돌면
서 침묵기도를 드리다보니, 어느새 이곳 강원도 산골짜기에도
가을이 성큼 와 있다는 것을 느끼게 됩니다. 이른 아침의 상쾌
한 바람, 이름 모를 새들의 경쾌한 울음소리, 익어 가는 황금벌
판… 그러다 문득, 교회 현관 앞 대형거울 앞에 서서, 아주 낯선
얼굴을 발견합니다.

'거울에 비친 저 사람은 누구인가? 바로 내가 아닌가? 그렇
다. 이 세상에서 가장 가까우면서도, 그렇게 멀리 느껴졌던 저
사람, 바로 나 자신이었구나. 이 세상에서 내가 아니면 나를 위
해줄 사람이 아무도 없는데, 나는 나 자신을 얼마나 학대하고 미
워하고 혹사시켰던가? 가장 사랑해야 함에도, 가장 미워하고 소
외시켰던 저 사람, 나 자신….'

아마, 지금 집사님도 저와 비슷한 심정이신 것 같아요. 거울을
바라보는 나의 모습이 어쩐지 민망스럽고, 왠지 슬퍼 보이고, 갑
자기 외로워집니다. 몹시 지쳐 보이는 나, 잔뜩 심술이 나고 화
가 난 나, 한 없이 부끄러운 나, 어느새 변해 버린 나, 어린 시절

의 진실을 잃어버린 나, 너무도 볼품이 없는 나. 마냥 웃음이 나오는 나, 자꾸만 연약해지는 나, 그리고 무섭도록 경직되어 있는 나….

나치의 억압 아래서도 끝내 불의에 무릎을 꿇지 않았던 독일의 본회퍼 목사님은 옥중에서 유명한 시(詩)를 남겼습니다. 암울한 시절, 종교 지도자로서 사람들의 신망을 한몸에 받으면서도 '참자기' 와 '거짓자기' 의 문제로 고민하고 있는 그분의 인간됨을 잘 들여다볼 수 있습니다:

나는 무엇?
남들은 가끔 나더러 말하기를
감방에서 나오는 나의 모습이
어찌 침착하고 명랑 확고한지,
마치 자기 성에서 나오는
영주 같다는데.

나는 무엇?
남들은 가끔 나더러 말하기를
감시원과 말하는 나의 모습이
어찌 자유롭고 친절 분명한지
마치 내가 그들의 상전 같다는데.

나는 무엇?
남들은 또 나에게 말하기를
불행한 하루를 지내는 나의 모습이
어찌 평온하게 웃으며 당당한지
마치 승리만을 아는 투사 같다는데.

남의 말의 내가 참 나냐?
나 스스로 아는 내가 참 나냐?

새장에 든 새처럼
불안하고 그립고 약한 나,
목을 졸린 사람처럼
살고 싶어 몸부림치는 나,
색과 꽃과 새소리에 주리고
좋은 말 따스한 말동무에 목말라하고
방종과 사소한 굴욕에도
떨며 참지 못하고
석방의 날을 안타깝게 기다리다
지친 나.

친구의 신변을 염려하다 지쳤다.
이제는 기도에도,
생각과 일에도 지쳐
공허하게 된 나다.

이별에도 지쳤다
이것이 내가 아닌가?

나는 무엇?
이 둘 중 어느 것이 나냐?
오늘은 이 사람이고
내일은 저 사람인가?
이 둘이 동시에 나냐?

남 앞에선 허세,
자신 앞에선 한없이 불쌍하고
약한 난가?
자신 앞에서 한없이 불쌍하고
약한 난가?
이미 결정된 승리 앞에서
무질서에 떠는
패잔병에 비교할 것인가?

나는 무엇?
이 적막한 물음은
나를 끝없이 희롱한다.
내가 누구이든 나를 아는 이는
오직 당신뿐.
나는 당신의 것이외다.
오, 하나님!

집사님, 이렇듯 집사님 자신의 본디 모습을 찾는 일이 쉬운 일은 아닙니다. 때론 위험할 수도 있습니다. 그리고 "언제 그런 것을 찾을 시간이 있느냐?"고 하는 사람도 있을 것입니다. "열심히 살고 부지런히 움직이는 것 자체가 의미 있는 삶 아니냐?"고 반문하는 사람도 있을 것입니다.

하지만 그것은 기계가 움직이는 것이지 살아있는 내가 움직이는 것이 아닙니다. 기계는 분별력이나 위기를 대처하는 능력을 갖고 있지 않습니다. 다만 주어진 프로그램대로 움직일 뿐입니다.

분명한 자아를 찾지 못한 사람은 단순한 데서 행복을 느낄 수 있을지 모릅니다. 그러나 그 이상의 행복과 기쁨의 비밀을 알 수 없습니다. 위기가 올 때 위기관리 능력을 갖추지 못합니다. 그래서 다가올 미래를 진정으로 준비하지 못합니다.

송 집사님, 심리학자 롤로 메이는 〈자아를 잃어버린 현대인〉에서 현대인에게 가장 큰 위기는 자아를 잃어버린 것이요, 여기에서 인간의 모든 불행이 비롯된다고 말하고 있습니다. 현대를 살아가는 남녀노소들은 바쁘게 돌아가는 시간의 수레바퀴 속에 정작 자신이 누구이며, 무엇 때문에 정신없이 살아가고 있는지를 모르고 있습니다.

저마다 자기 자신의 모습을 비추어 볼 영혼의 거울이 내 방에 없습니다. 이 사실을 문득 깨달았을 때의 당혹스러움이란 뭐라 표현할 길이 없습니다. '내 방에 거울이 없다니! 지금까지 난 무엇을 위하여(for what?), 무엇을 향하여(to what?), 그렇게도 열심히 뛰어왔단 말인가?'

언젠가 텔레비전에서 〈세상에 이런 일이〉라는 프로그램을 본 적이 있습니다. 가수 조성모가 너무 좋아 시장바닥에서 이어폰을 끼고 하루 종일 그의 노래를 따라 부르는 한 아주머니의 이야기가 소개되고 있었습니다. "내가 주책으로 보여?" 인터뷰를 요청하는 기자가 되레 쑥스러워지도록 아주머니는 너무나 태연하게 말을 받았습니다. "나는 조성모가 너무너무 좋아. 조성모의 노래를 듣고 있으면 맺힌 가슴이 뻥 뚫리는 것 같아. 내 마음을 어쩌면 그렇게 잘 읽어내고 잘 표현하고 있는지…." 조성모의 노래, CD, 팸플릿, 사진, 신문 스크랩, 팬클럽, 공연장…. 조성모에 관한 한 모르는 것이 없었고, 안 가본 곳이 없었고, 없는 것이 없었습니다. 그 여인은 진짜로 조성모에 대해서, 아니 그의 노래에 대해서 푹 빠져 있었습니다. 정신병자도 아니었고, 그렇다고 주책바가지도 아니었습니다. 사람이 정말 진짜 무언가를 좋아하면 저럴 수 있겠다 싶어 공감이 갔습니다.

중년기(mid-life stage)의 위기 속에서 자기 자신의 진정한 모습을 어디서 어떻게 찾아야 할지 몰라 방황하던 여인, 그녀는 조성모의 노래를 들으며, 비로소 자신의 자아를 재발견하고, 이전에는 느껴볼 수 없었던 활력과 기쁨을 되찾았던 것입니다. 수동적인 아줌마에서 이제는 적극적으로 삶에 참여하는 성숙한 여인으로 변해가고 있었습니다. 살아 있다는 생생한 느낌을 되찾은 아주머니, 그녀는 진짜 멋쟁이였습니다.

그러나 송 집사님, 전 그 방송을 보면서 한편으로는 아쉬움이 가시지를 않았습니다. 그렇게 해서 정말 그 여인이 자기 영혼의 목마름을 해갈할 수 있을까? 조성모의 노래 속에서 진정 자기 영혼의 배고픔을 해결할 수 있을까? 삶의 진정한 의미를 오로지 그것으로만 깨달을 수 있을까?

사랑하는 송 집사님, 이렇게 인생의 의미와 목표를 잃어버린 채 방황하는 현대인들에게 '참자기' (True Self)를 발견하고 직시할 수 있도록 도와주시는 분이 우리 주님이십니다. 값싼 평안과 위로가 아니라, 때로는 내적 갈등을 일으켜 고민하게 하시고, 때로는 쉬운 문제해결보다 어려운 문제제기 속으로 우리 삶을 몰아치십니다.

송 집사님에게는 지금 이 순간이 마치 '영혼의 어둔 밤' (The Dark Night Of Soul)일 수도 있습니다. 그러나 주님께서는 지금도 함께 계셔, 집사님이 하나님 앞에서 '참자기' 를 찾아가도록 끊임없이 용기와 도전을 주십니다. 그러므로 이제는 '거짓자기' (False Self)로 가득 찬 집사님의 허울을 주님 앞에서 훌훌 벗어 버리십시오. 이 가을, 하나님의 성령이 바람 부는 대로 집사님을 이끄실 때, 그럴수록 '참자기' 를 찾아, 내면 깊은 곳으로 영혼의 여행을 떠나십시오. 설혹 그것이 집사님의 계획에 맞지 않는다 하더라도, 설혹 그것이 고통스런 길이라 할지라도.

송 집사님, 이번 가을은 집사님 인생에서 또 다시 찾아오지 않을 것입니다. 올 가을은 이번이 처음이자 마지막입니다. 그래서 이 가을아침은 신비롭기까지 합니다. 아무쪼록 이 가을의 고요한 정취 속에서 송 집사님만 들어갈 수 있는 고독한 내면의 방을 마련하십시오. 그리고 그 영혼의 거울 앞에 서서, 거울 속의 '참자기'와 대화를 시도하십시오. 그래서 마침내는 송 집사님 스스로 인생의 의미와 중년의 기쁨을 되찾는 재창조의 계절이 되었으면 합니다.

 **나 눔**

1. 지금 내 마음을 0부터 10으로 표현해 본다면?

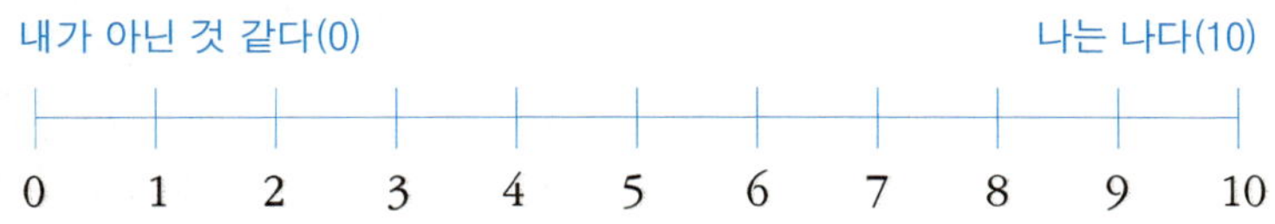

2. 살아오면서 심하게 거짓자기를 느껴 본 적이 있습니까?

3. 그 동안의 경험으로 보아, 스트레스를 치유하는 데 어떤 요소들이 도움이 되었습니까?

4. 오늘 말씀을 3번 크게 읽고, 아래에 1번 쓰고, 한 주간 동안 암송해 봅시다.

제 *9* 과

사람을 만드는 공장

– 역기능 가정의 치유 –

♥ **전체 순서**

경배찬양 : '내 영혼의 치유찬양' 가운데 두세 곡 (부록참조)

대표기도 : 구역원 가운데

성　　경 : 에베소서 5장 31~33절

교재읽기 : 다같이

나　　눔 : 다같이

봉헌찬송 : 579장

봉헌기도 : 구역장 또는 구역원

주기도문 : 다같이

사람을 만드는 공장
- 역기능 가정의 치유 -

　"세살 때 아버지가 교통사고로 돌아가시고, 얼마 후 어머니는 저와 동생을 보육원에 던져놓고 도망가 버리셨지요. 그 때 마음이 많이 아팠어요. 친할머니께서 보육원에 있는 저와 동생을 발견하시곤 많이 우셨어요. 그래서 할머니는 양부모님도 얻어주시고 그분들에게 돈도 많이 주셨는데, 몇날 며칠을 동생과 단 둘이 집을 지켰어요. 동생이 울면 달래주고, 똥 싸거나 분유를 줄 때는 옆집 아주머니를 찾았어요. 그러다가 여섯 살 쯤이던가, 나는 쪽지 한 장과 돼지저금통을 들고 아버지 산소를 찾아갔어요. 산소에서 울다 기도하다 지치면 잠들고…. 동네 아저씨에게 발견되어 여섯 달을 보호받으면서 산소 주변을 맴돌았어요. 그러다 설날, 할머니는 산소에서 노는 저를 보시고 또 우셨지요. 그리고 다시 양부모님에게 왔는데, 그분들은 날마다 싸우셨어요. 양아버지의 술, 도박, 외도, 폭력, 감옥살이 그리고 이혼…. 얼마 뒤, 양아버지가 재혼을 해서 자식까지 낳았다는 소식을 듣고 또 한 번 큰 충격을 받았지요."

◆ ◆

사랑하는 이 집사님, 정말 가슴이 미어지네요. 어떻게 이런 가정에서 집사님이 상처를 받지 않고 살 수 있었겠습니까? 어떻게 마음의 병이 생기지 않고 견딜 수 있었겠습니까? 몸서리가 처지고 치가 떨립니다. 아버지 산소를 맴돌며 슬피 우는 한 남자아이, 의지할 곳 없는 이 집사님의 외로운 모습이 제 눈에도 선합니다. 그 어린 것이 얼마나 가슴이 아팠을까!

집사님, '가정'(family)은 '사람을 만드는 공장'입니다. 〈사람 만들기〉라는 베스트셀러를 쓴 가족치료의 대가 버지니아 싸티어의 표현이지요. 그런데 문제는 한 가정의 가족이란 하나의 살아있는 유기체이기 때문에, 그 역동적인 관계에 따라 순기능도 있고 역기능도 있다는 사실입니다.

'순기능 가정'(functional family)이란 정상적인 가정의 기능을 제대로 수행하는 가정입니다. 가족들 간의 인격적인 성장과 성숙이 잘 이루어지고, 가족들의 다양한 욕구가 적절하게 충족되는 가정이지요. 쉽게 말해서, '건강한 가정'이라고 할 수 있습니다. 순기능 가정은 위기나 갈등 앞에서도 온 가정이 능동적으로 참여하여 바람직하게 대처할 줄 압니다. 문제를 스스로 드러내 적절한 도움을 청하며, 정확한 의사소통을 하고, 서로 약속을 지키고, 관심과 고마움을 표현할 줄 알며, 무조건적인 수용과 지지와 인내와 신뢰와 격려 가운데 사랑을 주고받을 줄 압니다.

반면에 '역기능 가정'(dysfunctional family)이란 가정으로서 제 기능을 다하지 못하는 가정입니다. 인간이 가지고 있는 가장 기본적인 욕구, 신체적이고 정서적인 욕구를 충족시켜 주지 못하고 정상적인 양육을 베풀어주지 못하는 가정입니다. 자녀들이 성숙하는 데 필요한 사랑이 부족하거나 건강하지 못한 사람이 있는 가정입니다. 이런 가정에서는 인간의 감정이 억압되어 자아가 정상적으로 성장하지 못합니다.

그런 면에서 이 집사님의 어린 시절 가정은 역기능 가정이지요. 이런 가정에서 자란다는 게 얼마나 힘든 일인지요! 가족들 사이에 기쁨이나 친밀감을 전혀 느낄 수 없고(intimacy vacuum), 대화보다는 눈치를 살피고, 개인차를 존중하지 않으며, 통제가 심하고, 무표정하게 굳어 있고, 차갑게 얼어붙어 있고, 잔뜩 화가 나 있거나, 무언가 슬퍼 보이며, 주고받는 말투가 무겁고, 유머마저 신랄하게 빈정대고 잔혹합니다. 한 마디로 숨도 제대로 쉴 수 없는 가정!

좀 더 전문적으로 말하면, 역기능 가정의 특정은 1. 부모 중 한 명 또는 양쪽이 약물 중독 또는 남용 상태이거나, 2. 가족 중 한 명 또는 그 이상이 정서적으로 질병이 있거나 심리적으로 헝클어진 상태이거나, 3. 몹시 가혹하거나 엄격한 규칙으로 경직된 채 독선적인 체계를 지닌 가족이거나, 4. 성적으로나 신체적으로 학대가 있거나, 5. 부모자녀간의 대화가 왜곡되거나 단절되어 있습니다.

그런데 역기능 가정도 순기능 가정처럼 가족 구성원 모두가 열심히 일하고 싶고 행복하게 살고 싶고 사랑받고 싶어 합니다, 그러나 마음뿐입니다, 누구 하나 먼저 손을 내미는 사람이 없습니다. 아니, 손을 내민다는 것 자체가 금기시되어 있습니다.

역기능 가정은 무엇보다 수치심에 기반을 두고 있습니다. 수치심은 온전한 인간적 삶을 부정하고 교란시키는 내적 심리상태의 원천입니다. 우울증, 소외감, 고립감, 실패감, 상실감, 낮은 자존감, 뿌리 깊은 열등감, 편집증, 정신분열적인 현상, 강박적인 행위, 완전주의, 부적응, 자기 회의, 자아도취적 질환…. 이 모든 것은 수치심에서 비롯됩니다.

그리고 역기능 가정에는 이런 수치심을 감추려는 보이지 않는 중독이 자리합니다. 중독이란 습관적, 강박적으로 어떤 대상에 매이는 상태이지요, 알코올 중독, 약물 중독, 일 중독, 분노 중독, 성 중독, 관계 중독, 음식 중독, 소비 중독, 도박 중독, 게임 중독, 인터넷 중독, 종교 중독…. 중독자들은 결혼 생활, 직장 생활, 현실 적응 등에 장애를 나타냅니다. 중독 부모에게서 나타나는 이러한 비정상적인 성격 특성과 태도는 그 자녀들에게 강한 영향을 끼칩니다. 그런 의미에서 역기능 가정의 중독은 개인의 질병이 아닌 가족 전체의 질환입니다.

이런 역기능 가정에서 성장한 사람의 정서와 행동이 온전할 수 없습니다. 이런 혼란스런 가정에서 성장한 사람을 학문적으로는 '성인아이' (adult child)라고 부릅니다. 성인아이란 역기능 가정에서 성장하여 손상 받은 과거의 자아에 매달려 자아 성장이 둔화된 18세 이상의 모든 사람을 말합니다.

좀 더 자세히 말하면, 성인아이는 성인의 문제를 나이에 맞지 않게 조숙하게 다루어야 했던 시절을 보낸 사람입니다. 어린 나이에 성인이 겪어야 하는 큰일들과 책임을 느끼며 아이가 아닌 어른처럼 행동해야 하는 압박감을 감당해야 했던 유년기를 보낸 사람입니다. 또 해소되지 않은 어린 시절의 문제, 정서적 찌꺼기를 아직 처리 중인 성인을 말합니다.

사랑하는 이 집사님, 집사님이 지금 힘들어 하시는 것은 그래서 지극히 당연한 것입니다. 정서적인 찌꺼기를 토해내 버리는 엄청나게 중요하고 고단한 치유작업으로 몸부림을 치고 계시기 때문입니다. 몸도 힘들고 마음도 힘드시겠지요. 그러나 어린 시절 마땅히 해결했어야 할 일들을 이제라도 처리하실 수 있다는 것은, 그래도 축복입니다. 사실, 역기능 가정의 가장 큰 문제는 자신들의 문제를 부인하는 것입니다. 문제가 있음을 시인하지 않기 때문에, 결코 문제가 해결된 적이 없습니다. 가족 체계가 극히 폐쇄적이어서 공개된 비밀에 대해서도 모른 척합니다. 외부와 관계 맺는 것을 두려워하지요. 그래서 더욱 악순환이구요. 집사님, 그런 의미에서, 집사님은 지금 대단한 용기를 내고 계시는 것입니다.

누가복음 23:34에 예수님께서는 "아버지, 저 사람들을 용서하여 주십시오. 저 사람들은 자기네가 무슨 일을 하는지를 알지 못합니다." 라는 기도를 드리십니다. 역기능 가정의 부모, 그 부모도 실은 몰라서 그런 상처를 남긴 것으로 받아들여야 한다는 말씀 아닐까요? 어찌 알면서 그럴 수 있었겠습니까? 몰라서 그런 것이니 불쌍히 여기는 마음으로 용서해야 한다는 주님의 말씀이지요.

"용서가 안 돼!" "절대 용납할 수 없어!" 이렇게 말씀하시는 것도 이해가 됩니다. 저도 그럴 때가 있으니까요. 그러나 분명한 것은 내가 용서하지 않으면 그 사람에 대한 미움에 사로잡혀 온 종일을 어둡게 살아야 한다는 것입니다. 부모에 대한 미움도 마찬가지입니다. 부모를 미워하다 보면, 내가 또 그 미운 부모를 닮아가고 있는 걸 느낍니다. 영락없습니다! 그래서 내 영혼에 쓴뿌리가 더욱 더 깊이 박히기 전에 예수 그리스도의 이름으로 용서를 선언해 버려야 합니다. 그 사람을 보고 용서하는 게 아니라, 이제라도 내가 제대로 된 삶을 살기 위해서 용서를 해야 합니다. 내가 살기 위해서!

집사님, 어둡고 공격적이고, 침묵으로 일관되고, 식구들과의 피부 접촉이나 심리적 접촉도 없고, 그래서 외롭고 슬프나 표현해서는 안 되는, 그 역기능 가정에서 얼마나 고통스러우셨습니까? 그러나 그런 암울했던 어린 시절에도 하나님은 집사님을 무척 사랑하셨나 봅니다. 아홉 살 때, 초등학교 선생님이 거의 매일 집사님 머리를 쓰다듬어 주셨다고 하셨지요? 그것이 그렇게 좋았다고 하셨지요? 하나님께서 그 천사 선생님을 외로운 집사님께 보내신 것 같습니다. 어떻게 그런 고마운 분이!

그렇습니다. 사람들은 누구나 사랑받고 싶어 합니다. 그것은 인간의 가장 기본적인 욕구입니다. 그리고 그 사랑의 욕구는 일차적으로 가정에서 채워져야 합니다. 산소 같은 사랑이나 애정 표현이 그래서 우리 가정에 그렇게도 중요한 것입니다. 우리가 애송하는 고린도전서 13:13은 "그러므로 믿음 소망 사랑 이 세 가지는 항상 있을 것인데 그 가운데서 으뜸은 사랑입니다." 라는 말로 끝이 납니다. 사도 바울은 이미 그 사랑의 신비를 꿰뚫어 보았던 듯합니다.

사랑하는 이 집사님, 하나님은 지금도 집사님을 너무너무 사랑하십니다. 그리고 저도 집사님을 무지무지 사랑합니다! 힘을 내시고, 우리 함께 '상처 입은 치유자' (The Wounded Healer)의 길을 걸어가시지 않겠습니까?

 나 눔

1. 지금 내 마음을 0부터 10으로 표현해 본다면?

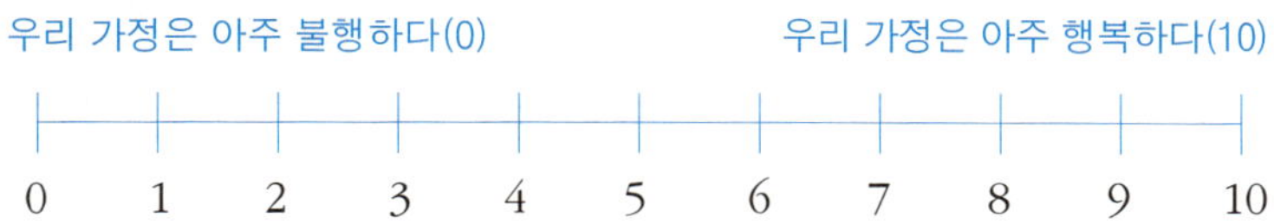

2. 부록5의 '가계도 연구' 와 부록6의 '우리 집 가계도 그리기' 를 참조해 볼 때, 우리 집 가계도에서 나와 가장 대화가 잘 통하는 사람은 누구이며, 나와 가장 대화가 안 통하는 사람은 누구입니까?

3. 그 동안의 경험으로 보아, 역기능가정을 치유하려면 어떤 요소들이 필요하다고 보십니까?

4. 오늘 말씀을 3번 크게 읽고, 아래에 1번 쓰고, 한 주간 동안 암송해 봅시다.

제 *10* 과

인생의 계절 앞에서

− 중년의 치유 −

♥ **전체 순서**

경배찬양 : '내 영혼의 치유찬양' 가운데 두세 곡 (부록참조)

대표기도 : 구역원 가운데

성　　경 : 시편 102편 24절

교재읽기 : 다같이

나　　눔 : 다같이

봉헌찬송 : 490장

봉헌기도 : 구역장 또는 구역원

주기도문 : 다같이

인생의 계절 앞에서
- 중년의 치유 -

"어느 날 아침, 거울을 들여다보았더니 주름투성이의 낯설고 거칠한 얼굴이 마주보고 있는 것 아니겠어요? 동창회라는 데를 갑자기 나가고 싶어 가보았더니 동갑내기들이 모르는 사이에 나보다 몇 배나 더 성공했더라구요. 어젯밤에는 아들이 내 양복을 가지고 와서 자기가 입겠다고 빼앗아 갔어요. 앞으로 남은 인생과 지금까지 살아온 인생의 길이가 갑자기 비교됩니다. 어쩌다 한 번 운동이라도 하고 나면 며칠을 끙끙거립니다. 거리를 활보하는 젊은 남녀들을 보면 질투가 납니다. '10년만 더 젊었더라면 이렇게 되지는 않았을 텐데' 하는 생각을 많이 해봅니다. 내가 못한 일을 자식들이 할 수 있을 것이라는 기대도 커 가구요. 암으로 먼저 떠난 친구들이 남의 일 같지 않습니다. 볼품없이 튀어나온 배에 가려서 발가락이 안 보일 때도 있습니다. 신문을 보다 보면 눈이 침침해져서 현기증을 느낍니다. 저녁식사 뒤엔 재미도 별로 없는 텔레비전을 보다가 소파에서 저절로 잠들어 버리는 일이 자주 있지요. 직장에서 울분이 쌓여도 처자식이 먼저 생각나서 참으려고 애씁니다. 상처 입은 사자처럼 위엄을 지키느라 홀로 괴로워하면서…."

사랑하는 심 집사님! 강원도 한계령 깊은 골짜기마다 형형색색 고운 단풍이 훨훨 불타오르고 있습니다. 바야흐로 가을의 한복판에 서 있다는 느낌입니다. 그 무더운 여름을 어떻게 지내나 했는데, 벌써 가을의 풍경이 한 장 한 장 넘어가고 있네요. 이 단풍도 지면 추운 겨울이 성큼 다가오겠지요. 집사님, 이렇게 이 자연에 봄 여름 가을 겨울 사계절이 있다는 게 신기하기만 합니다. 그런데 더욱 더 놀라운 것은 우리 인생에도 유년, 청년, 중년, 노년 사계절이 있다는 사실입니다. 그래서 오늘 저는, 이 가을의 그림자를 안고 울리지 않는 악기처럼 훠이훠이 흐느끼시는 집사님과 인생의 가을을 나누고 싶습니다.

집사님, 먼저 제 이야기를 하지 않을 수 없군요. 어머니는 할아버지 노름빚을 갚고 시동생 열둘을 결혼시키느라 평생을 고생하셨습니다. 그러다 보니, 어느덧 우리들이 결혼을 할 때가 된 것입니다. 결혼을 앞두고 하루는 아내 쪽 집안과 너무 비교가 되어 짜증이 난 적이 있었습니다. 그래서 어리석게도 시골에 계신 어머니에게 밤늦게 전화를 걸어 투정을 부리고 말았지요. "우리집은 왜 이렇게 빚에서 헤어나지를 못하는 거예요? 도대체 어머니 아버지는 그 동안 뭐하신 거예요?" 그런데, 그런데, 어머니는 제 전화를 받으시다 대성통곡을 하시는 거였습니다. "그래도 나는 너만은 믿었는데…. 너마저 그런 소리를 하는구나…." 평소 여장부로 소문난 어머니가 그렇게 연약한 모

습을 보이자 너무나 당혹스러웠습니다. "그까짓 것 걱정 마라. 내
너 돈 때문에 장가 못 보내지는 않을 거다!" 이런 당찬 말씀을
기대했는데…. 어머니는 한없이 무너지고 계셨습니다. 어머니가
인생의 중년을 앓고 계시다는 걸 까마득히 모르고 있었던 것입
니다. 그 동안 살아온 인생의 흔적들을 뒤돌아보며, 어머니는 깊
은 좌절과 우울에 시달리셨습니다. "이루어 놓은 것이 아무 것도
없구나! 내 인생 빚만 갚다가, 여행 한 번 못 가보고, 좋은 옷 한
벌 못 사 입었는데, 이제 하나뿐인 아들도 내 사정을 몰라주는구
나!" 너무너무 힘들어 하셨습니다. 멀리서 지켜보는 저도 가슴이
아프고 큰 후회가 되었습니다.

그렇습니다. 집사님, 우리는 중년에 대하여 너무도 이해가 부
족합니다. 다른 인생 주기와는 달리, 중년기의 실패는 단 한 번의
실수인데도 불구하고 회복이 좀처럼 불가능합니다. 더욱 중대한
문제는 이 중년기가 그리스도인의 영성과 깊은 관련이 있다는 것
입니다. 융은 40대 이후의 모든 질병은 결국 영적인 문제이므로,
육신의 의사보다는 영혼의 의사인 목사에게 찾아가라고 권고한
바 있습니다. 이 중년기는 어쩌면 그렇게도 사춘기와 흡사한지
요! 그래서 청소년기를 사춘기(思春期)라 하고, 중년기를 사추기
(思秋期)라 했던가요? 이 둘이 어떻게 비슷한지 몇 가지만 살펴보
겠습니다.

첫째는, 육체적인 문제입니다. 어느 날 갑자기 변한 자신의 목
소리, 하룻밤 자고 나니 솟아 있는 턱수염, 예고도 없이 찾아온

생리… 사춘기가 이렇게 변화하는 육체 때문에 혼란스러워한다면, 사추기는 허물어져 가는 육체 때문에 절망하는 시기입니다. 늘어만 가는 주름살, 희끗희끗 솟아나는 흰머리, 탄력을 잃어 가는 피부, 처진 뱃가죽, 침침한 눈, 이중턱…. 특히 여성의 경우, 육체적인 퇴락과 함께 생리가 멎게 됩니다. 모든 것이 예전 같지 못합니다. 갑자기 숨이 가빠지고 힘이 부치고 원하지도 않았는데 몸이 불어나고 쉬 피로해집니다. 그래서 마음이 심란해지고, 거울을 들여다보며 죽음도 건너다보게 되는 거지요.

둘째는, 정서적인 문제입니다. 사춘기에는 심리적, 정신적으로 독립심이 강해지고 자아의식, 곧 '나는 누구인가, 나는 어디로부터 왔는가, 나는 지금 어디를 향해 가고 있는가' 하는 생각이 강하게 나타납니다. 정서 상태가 예민해지고 주변 환경에 따라 동요되기 쉽습니다. 한마디로 자아 정체감의 위기에 빠져드는 시기입니다. 그런데 사추기도 마찬가지입니다. 중년기의 위기는 바로 자아 정체감을 재확립하는 데 실패할 때 다가옵니다. 곧 신체적 노화나 자기 실현에 대한 불만과 함께, 내 자신이 무가치한 존재이며 사는 게 무의미하다고 느껴집니다. 권태와 불안, 의욕상실 등 정서적 위기를 맞게 됩니다. 어느 날 갑자기 외로움이 몰려옵니다. 집에 들어가기 싫습니다. 그래서 공황 장애, 강박 장애, 우울 장애, 감정부전 장애 등을 경험합니다. 어디 멀리 떠나 가출이라도 하고 싶은 시기입니다. 요즈음 40대의 가출이 많은 것도 이 때문입니다. 대개 중년의 위기는 여성에게서 더 심각하게 나타납니다. 남성은 사회적으로 어느 정도 성취감

도 맛보고 만족도 얻음으로써 그 위기를 극복할 수 있지만, 가정
생활이 삶의 전부였던 주부들은 상대적인 박탈감에 시달리며 더
욱 더 심각한 삶의 회의에 빠지게 됩니다. 중년기 여성의 이런 심
정을 헌트는 다음과 같이 표현합니다:

> 집은 조용하다.
> 아이들의 침대는 더 이상 정돈할 필요가 없다.
> 아! 새 둥우리는 비어 있는데
> 나는 이름 모를
> 상처 입은 어미 새 되어 어디로 떠나려는가.
> 외롭게 목표 없이
> 어미 됨 외에는 다른 것을 모르고 살아온 세월
> 이제 내가 어머니가 아니라면
> 난 누구여야 한단 말인가.

셋째는, 성적인 문제입니다. 사춘기는 성에 눈뜨는 시기이지
요. 갑자기 이성이 그리워지고 로맨스를 꿈꾸는 때입니다. 동성
보다는 이성에 마음이 끌립니다. 데이트도 해보고 싶어 하고, 옷
매무새에도 깊은 관심을 가지며 멋을 부리는 시기입니다. 남이
나의 남성다움과 여성스러움을 알아주었으면 합니다. 그런데
사추기도 똑같습니다. 이성적인 유혹이 가장 강한 시기입니다.
여태까지의 따분하던 결혼생활에서 활력을 찾아보려고 합니다.
성의 환상에 빠져듭니다. 바람을 피울 확률이 가장 높은 시기입
니다.

넷째로, 영적인 문제입니다. 사춘기는 어린아이와 어른 사이의 방황이 전개되는 시기입니다. 마찬가지로 사추기는 노년과 청년 사이의 방황이 되풀이되는 시기입니다. 참 어중간합니다. 노년이기에는 너무 젊고 청년이기에는 너무 늙은 셈입니다. 이러한 중년기 자아 정체감의 위기는 현재의 삶에 불만을 갖게 합니다. 그래서 가정생활과 사회생활에 여러 가지 문제를 낳게 되고, 급기야는 영적인 문제로까지 발전됩니다. 곧 일상생활에 대한 권태로움과 불만이 높아지면서 삶의 의욕을 잃고 자신을 무가치하게 느낌으로써 무기력과 침체의 늪에 빠지기 쉽습니다. 그 동안 나를 지탱시켜 주던 신념이나 가치관 체계가 흔들리면서 삶의 목표에 대한 막연한 불안감과 압박감마저 느낍니다. 성공한 사람들을 향하여 이유 없이 적개심과 분노를 느낍니다. 현실을 도피하려 하고, 자신의 처지에 대한 연민으로 허우적거리지요. 그 결과, 영성의 위기를 가져옵니다. 감사와 기쁨을 잃어버리고 하나님에 대한 원망을 토로합니다. 끊임없는 가정불화와 우울증으로 신앙생활 자체를 회의하게 됩니다. 아무것도 소용이 없다는 식이 되어 버리는 거지요.

사랑하는 심 집사님, 우리나라의 40대 사망률이 세계 1위라지요? 충격적입니다. 한참 일할 나이, 40대, 이 중년들이 고혈압, 내출혈, 심장병, 동맥경화증, 비만, 위궤양, 당뇨, 간질환, 그리고 각종 암질환으로 푹푹 쓰러지는 현실…. 그래서 시편 102편 시인은 중년을 위한 기도가 필요했던가 봅니다: "주여, 나를 중년에 데려가지 마옵소서."

심 집사님, 분명 중년은 중대한 고비입니다. 그러나 그것은 소나기와 같습니다. 이 중년의 위기가 영원히 지속될 것이라는 착각에서 벗어나십시오. 그것은 과정일 뿐입니다. 집사님이 이렇듯 속뜻 그윽한 중년의 의미를 붙잡을 수만 있다면, 중년은 진정 아픔이 아니라 축복입니다. 하나님의 신비가 깃들어 있는 중년의 때에 접어드셨다는 것은 이제 진심으로 축하할 일입니다. Welcome to the Magic Stage!

집사님, 우리 인생은 지금 가을 한복판에 서 있습니다. 그리고 이 가을, 울적한 마음 산그리메처럼 어두워올 때, 오늘 집사님과 저는 저녁강물 벗삼아 우리 인생의 계절 중년의 위기를 들여다보았습니다. 그런데 집사님, 감격적인 것은 이 가을이 교회력으로 볼 때 창조절의 한복판이라는 사실입니다. 그것은 우리에게 이런 질문을 던지게 하지요. '과연 나는 지금 창조적인 삶을 살고 있는가? 일년의 절반이 훌쩍 지나 겨울을 준비하는 지금, 인생의 절반이 훨씬 더 지나 죽음을 생각하게 하는 지금, 과연 나에게는 지금도 창조적인 삶이 가능한가? 그렇다면, 그 길, 곧 그리스도인의 창조적인 삶이란 과연 무엇인가?' 그렇습니다. 심 집사님의 중년은 창조주 하나님의 빛에서 볼 때 분명 재창조의 시기입니다. 이 가을, 아름다운 자연을 지으시고 심 집사님을 흙으로 빚으시어 이 땅에 보내신 창조주 하나님을 더욱 깊이 생각하십시오. 그래서 집사님이 지금 앓고 계신 중년의 위기를 인생의 후반전을 새롭게 시작하는 재창조의 출발점으로 삼아 가셨으면 합니다.

 **나 눔**

1. 지금 내 마음을 0부터 10으로 표현해 본다면?

2. 살아오면서 심하게 중년의 위기를 느껴 본 적이 있습니까?

3. 그 동안의 경험으로 보아, 중년의 위기를 치유하는 데 어떤 요소들이 도움이 되었습니까?

4. 오늘 말씀을 3번 크게 읽고, 아래에 1번 쓰고, 한 주간 동안 암송해 봅시다.

제11과

삶의 의미를 찾아서

- 허무주의의 치유 -

♥ 전체 순서

경배찬양 : '내 영혼의 치유찬양' 가운데 두세 곡 (부록참조)

대표기도 : 구역원 가운데

성　　경 : 빌립보서 2장 16절

교재읽기 : 다같이

나　　눔 : 다같이

봉헌찬송 : 311장

봉헌기도 : 구역장 또는 구역원

주기도문 : 다같이

삶의 의미를 찾아서
- 허무주의의 치유 -

"어제 한나절을 함께 했던 친구가 간밤에 죽었습니다. 빈소를 다녀오면서 그 동안 잊고 지냈던 나 자신의 죽음에 대하여 두려움을 느꼈습니다. '나는 제대로 가고 있는가?' 전철 안에서 어깨를 스치고 지나가는 이들이 우주인처럼 낯설어 보입니다. 수없이 밀고 밀리는 인파 속에서 나 하나 불현듯 사라져 버린다 해도, 그 누구도 눈치 채지 못할 것 같은 이 존재의 허무함. 등을 비벼 오는 가족들도 갑자기 짜증스러워집니다. 홀로 있기를 방해하는 전화기의 '따르릉' 소리에 코드를 뽑아 버리고 싶을 때도 있습니다. '내가 과연 있어야 할 자리에 있는 것일까?' 낯선 곳에 던져진 듯한 속깊은 우울이 가슴을 싸안을 만큼 통증을 느끼게 합니다. 휘황찬란한 네온사인, 번쩍이는 거리, 몰려다니는 군중. 회오리바람 같은 이 세대의 흐름 속에, '내'가 휘감겨 들어가고 있는 것은 아닌지, 아니 그 자각마저 문중이의 감각처럼 무뎌져 가고 있는 것은 아닌지요….”

사랑하는 송 집사님, 소리도 없이 노크도 없이 지난밤 세상이 하얗게 변해 버렸군요. 함박눈이 펑펑 쏟아지는 겨울 야산을 내다보며 보내 주신 편지를 펼쳤습니다. 인생의 겨울, 집사님의 영혼에서 울려나는 깊디깊은 하소연을 들을 수 있었습니다. 그래서 오늘은 먼저 한 가지 부탁을 드리고 싶습니다.

우선 두 눈을 한 번 감아 보십시오. 그리고 집사님이 콜럼부스 이전 시대에 무언가를 발견해 보겠다는 꿈을 안고 망망대해를 항해하고 있는 유럽인이라고 상상해 보십시오. 집사님의 배가 폭풍우 때문에 파손됩니다. 집사님만이 홀로 살아남았습니다. 기적적이게도, 배의 파편조각이 열대 지방의 한 무인도 해변까지 떠밀려옵니다. 푸른 풀이 많은 섬에는 과일도, 야생생물도, 신선한 물도 풍부합니다. 폭풍우와 동물로부터 집사님을 보호할 수 있는 동굴도 있습니다. 육체적으로 살아남는 데는 전혀 문제될 게 없습니다. 다만 한 가지 장애가 있습니다. 집사님은 그 섬의 유일한 거주자입니다. 아무도 집사님이 거기 있는지 모릅니다. 사람들은 집사님이 바다에서 실종되었다고 가정하고 있습니다. 다른 배가 집사님이 죽기 전 집사님이 항해하던 그 길을 지나칠 수도 있을 것이라고 추정할 만한 아무런 근거도 없습니다. 그것은 유럽인들이 아직 미국대륙을 발견하지 않았고, 그런 항해는 드문 일이기 때문입니다. 집사님은 남은 생애 동안, 결코 다른 어떤 인간도 볼 수 없을 것입니다.

그렇다면 송 집사님, 이제 어떻게 하시겠습니까? 집사님은 어떻게 정서적으로 살아남으시겠습니까? 무엇이 집사님의 삶을 가치 있게 만들 것 같습니까? 어떤 인간적인 관계도 없이, 과연 어떻게 삶의 의미를 찾으시겠습니까?

그렇습니다. 이 겨울, 삶의 의미를 찾아 떠나는 순례가 고통스러우시지요? 그러나 이 얼마나 고귀한 시간들인지요! 토마스 네일러가 〈삶의 의미를 찾아서〉(The Search For Meaning)에서 밝히듯, 현대를 살아가는 이들에게 가장 시급한 것은 자신들의 일상적인 삶 속에서 그 '의미'를 어디서 어떻게 찾느냐 하는 것입니다. 어떤 이들에게는 삶의 의미라는 것이 과연 있는지조차도 불분명한 경우가 있습니다. 왜 사는지, 그리고 어디로부터 와서 어디를 향해 나아가고 있는지를 모른 채, 허송세월하고 있는 이들도 있습니다. 다람쥐 쳇바퀴 돌 듯 허공을 치는 안타까운 몸짓. 살았으나 죽은 것과 매한가지인 산송장일 뿐이지요. 셰익스피어는 자신의 4대 비극 가운데 하나인 〈맥베스〉 제5막 5장에서 이렇게 탄식하였습니다:

"내일, 또 내일은 매일매일 살금살금 인류 역사의 최종 음절(音節)까지 기어가고 있고, 이제라는 날들은 다 바보들에게 무덤으로 가는 길을 비쳐왔거든. 꺼져라 꺼져, 짧은 촛불아! 인생이란 한낱 걷고 있는 그림자, 가련한 배우. 제 시간엔 무대 위에서 활개 치고 안달하지만, 얼마 안 가서 영영 잊혀져 버리지 않는가. 글쎄, 천치가 떠드는 이야기 같다고나 할까. 고래고래 소리를 친다, 아무 의미도 없이."

　사랑하는 송 집사님, 집사님은 지금 어디에 계십니까? 인생의 길을 달리다가 문득 집사님의 자리에 대한 의구심이 들지는 않습니까? 왠지 눈에 익은 주변 환경이나 사람들이 낯설게 여겨지고, 집사님의 실존에 대해 어리둥절해질 때는 없습니까? 내 몸에 맞지 않는 철지난 옷처럼, 부자유스러운 삶의 편린들. 과연 내 인생의 궤도는 제대로 가고 있는가? 왠지 뒤지는 것 같아 허겁지겁 뛰면서, 과연 무엇 때문에 뛰고 있는지 의문조차 품어보지 못한 지난날들. 세상 아내들이 매음을 소일거리로 하고 남편 아닌 애인을 이야기하며 낄낄거리고, 남편들은 해외로 여자사냥을 떠나고, 청소년들은 가슴과 배꼽을 드러내고 거리를 활보하는 세태. 앞만 보고 달리는 신세대에 구세대는 밀려나고, 어깨가 쳐진 중년들이 일자리를 잃고 거리를 떠돌며, 소낙비처럼 쏟아져 내리는 새로운 정보 속에 마음의 평형이 깨지고, 넘치는 지식들 때문에 오히려 무능함만 절감케 되는 시대. 과연 어떻게 살아야 제대로 사는 것인지⋯. 순간을 사는 듯 오토바이로 폭음을 내며 질주하기도 하고, 내 힘으로 세상을 변화시켜 보겠노라 오기도 부려보고, 공작새처럼 화려한 날개도 펼쳐보지만, 이 모든 것들의 의미는 무엇입니까? 아, 덧없는 세월! 잠깐 보이다가 사라지는 안개같이, 아침이슬 머금고 반짝이다 저녁이면 스러지는 풀꽃같이.

　요즘 인터넷을 보면, '허무송' 이나 '허무개그' 가 유행입니다.

"곰 세 마리가 한 집에 있어 아빠곰 엄마곰 애기곰 아빠 '고문' (곰세마리 허무송)," "어젯밤에 우리 아빠가 다정하신 모습으로 한 손에는 크레파스를 '싸가지' (아빠와 크레파스 허무송)," "신문선: 골! 골! 골이에요! A: 알어. 신문선: 어, 그래(허무개그 신문선 버전)." 어른들이 보기에는 이 대목에서 왜 웃어야 되는지 도무지 이해가 되지 않지만, 신세대들은 바로 그걸 노리고 박장대소하며 쏟아내는 허무한 너스레들.

확실히 이 시대 문화코드는 '허무주의'(Nihilism)입니다. 케임브리지대학교 명예교수였던 홀부르크는 〈허무주의, 교육, 생존〉 (Nihilism, Education, and Survival)이라는 책에서, 허무주의야말로 이 시대의 가장 큰 위기라고 간파합니다. 물질만능주의, 과학실증주의, 생명경시주의, 생태계파괴, 폭력, 권력, 섹스, 포르노, 악마숭배, 스타숭배, 이단숭배, 알코올중독, 마약중독, 게임중독, 채팅중독, 쇼핑중독, TV중독, 정신분열, 우울증, 자살…. 이 모두가 허무주의의 그림자들입니다. 우리가 이 허무주의의 악령을 추방하지 못한다면 인류는 생존의 위기를 맞게 될 것입니다.

이 시대의 철학, 문학, 과학, 예술 등에 광범위하게 깔려 있는 이 허무주의의 근원은 바로 인간의 성격(性格) 안에 있습니다. 니체, 사르트르, 까뮈의 허무주의적 실존주의는 사실 그들 자신의 성격 중심에 자리 잡고 있는 허무감의 또 다른 표현일 뿐입니다. 이것은 모두 성격의 근원에 있는 '상처' (傷處)의 문제입니다. 그리고 이 근원적인 상처는 모두 부모-자녀 관계와 관련되어 있습니다. 이것은 현대 심층심리학의 절절한 호소이기도 합니다. 하나의 인격이 태어나는 과정에서 부모로부터 충분한 사랑을 받지 못했을 경우, 그 인격의 핵심에 하나의 균열이 생기게 되고, 이 균열로부터 허무와 혼돈과 파괴적 충동이 나타납니다. 사랑의 결핍은 존재를 무화(無化)시키는 허무의 세력으로, 파괴적인 악의 세력으로 드러납니다.

따라서 성격의 근원적인 상처를 예방하고 치유하는 일은, 진정한 의미에서 새로운 세상을 창조하는 일입니다. 선한 것과 가치 있는 것, 무엇보다도 생명을 사랑할 수 있는 능력을 지닌 인간으로 성장하는 일, 허무와 절망에 사로잡히지 않은 채 의미를 창조하면서 싱싱한 삶의 감정을 가지고 창조적으로 살아갈 수 있는 인간으로 성숙해 가는 일이야말로, 오늘 우리가 허무주의의 그림자를 치유하는 최선의 길이 아닐 수 없습니다.

그런 의미에서 집사님의 삶의 의미를 탐구하기 위해서는 궁극적으로 집사님의 '상처' 입은 '영혼' 을 돌보고 치유하는 단계에 이르러야 합니다. 어쩌면 그것이 허무주의와 죽음의 망각으로부터 집사님을 구할 수 있는 유일한 방법일지도 모릅니다. 집사님의 영혼은 집사님의 행동, 집사님의 작업, 집사님의 창조, 집사님의 경험, 집사님의 사랑, 집사님의 기쁨, 그리고 집사님의 괴로움의 총합입니다. 집사님의 온 생애를 통하여 집사님의 영혼은 끊임없이 성숙해 갑니다. 집사님의 영혼은 집사님의 현 존재와 집사님이 되고 싶어 하는 존재를 반영해 줍니다. 집사님이 원하는 세계상 또한 집사님의 영혼 깊은 곳에 자리 잡고 있습니다.

그러면 집사님, 이토록 허무주의가 요동치는 시대적 폭풍우 속에서 어떻게 집사님의 상처 입은 영혼을 돌보고 치유할 수 있을까요? 사실, 공동체, 직장, 심리치료, 교육, 문학, 예술, 종교 등의 도움을 통하여 집사님의 존재이유 곧 삶의 의미를 심층적으로 탐구해 갈 수 있을 것입니다. 알버트 카뮈에게서는 삶이 불합리하다는 것을, 폴 틸리히에게서는 집사님이 분리되어 있다는 것을, 에리히 프롬에게서는 소유가 공허하다는 것을 배울 수 있을 것입니다. 이 모든 것은 집사님에게 존재의 방법, 곧 집사님의 영혼을 돌보고 치유하는 방법을 가르쳐 줌으로써 집사님이 죽음을 준비하도록 도와줄 것입니다.

무엇보다도, 성경에는 살인과 폭력과 전쟁 등 허무주의에 기초한 여러 가지 이야기들이 가득 들어 있습니다. 전도서와 욥기는 "모든 것이 무의미하다" 고 말하고 있습니다. 그러나 예수 그리스도에 관한 이야기는 존재 곧 삶의 의미에 관한 이야기입니다. 그리고 그 사랑과 공동체를 토대로 하는 삶을 위하여 예수님이 지불하셨던 대가는 십자가 죽음이었습니다. 최고의 허무주의였지요. 그러나 십자가 처형 다음에 부활이 뒤따릅니다. 최후의 승리, 존재의 승리, 삶의 의미의 승리였던 것입니다.

사랑하는 송 집사님, 집사님의 무인도가 결점 투성이의 결혼생활이든, 거대한 주식회사이든, 대학 캠퍼스이든, 요양소이든, 또는 부랑자들의 오두막이든 간에, 근본적인 문제는 오직 하나뿐입니다: "나는 어떻게 해야 행복하게 죽을 수 있을까?" 집사님의 대답이 집사님의 생활방식을 결정할 것입니다. 나아가 집사님의 삶이 의미를 갖느냐 못 갖느냐까지도 결정할 것입니다. 부디 남은 생애 동안, 의미 있는 여행을 하시기 바랍니다. 그리고 궁극적으로는 영원한 생명의 근원이신 예수 그리스도 안에서 '행복한 죽음' 을 맞이하십시오!

"성부이신 주님, 제 삶의 근본이 되시며 삶의 의미가 되시는 주님이시여, 주님이 아니면 저에게는 삶의 목적도 없고 의미도 낙도 광명도 없습니다. 주님 안에 삶의 목표가 있으며, 주님이 삶의 의미가 되십니다. 주님께서 제 안에 계심으로 제가 살았습니다. 제가 주님께로 가는 것이 저의 목적이고, 주님과 같이 되는 것이 저의 희망과 즐거움입니다. 지혜 있고 훌륭한 이로 사람들에게 알려지기보다는 차라리 미련한 이가 되어 주님 안에 있게 되기를 바랍니다. 죄를 깨닫고 자복하는 이가 될까요? 주님의 깊은 뜻을 조금도 모르는 제가 아닙니까? 아시다시피 사람과 가까이 함으로 얻어질 것도 없고 도리어 신앙의 동요 덕에 손상이 있을지언정 도움은 조금도 없습니다. 단지 성부께만 가까이 나아갈 때 담대함과 용기와 능력과 지혜와 덕과 완전과 영생을 얻습니다. 주님, 저에게 회개를 주십시오. 생명 얻는 회개를 주십시오. 주님, 제 가슴에 탄식을 주십시오. 회개를 못해 탄식케 하십시오. 부끄러워할 줄 알게 하십시오. 제 죄를, 진정으로 제 어리석음을 내려놓게 하십시오. 제 지혜를 버리게 하십시오. 제 주장 제 고집을 버리게 하십시오. 오직 주님 생각만 받아들이게 해주십시오. 주님만 모셔 들이게 해주십시오. 주님의 주장으로 제 주장을 삼게 하시고, 주님의 뜻을 받들어 저의 뜻이 되게 하시고 주님의 지혜가 저의 지혜가 되게 하십시오. 주님의 애통이 저의 애통이 되게 해주십시오. 아멘."

 **나 눔**

1. 지금 내 마음을 0부터 10으로 표현해 본다면?

2. 살아오면서 심하게 허무주의를 느껴 본 적이 있습니까?

3. 그 동안의 경험으로 보아, 허무주의를 치유하는 데 어떤 요
   소들이 도움이 되었습니까?

4. 오늘 말씀을 3번 크게 읽고, 아래에 1번 쓰고, 한 주간 동안
   암송해 봅시다.

제 *12* 과

하나님의 잊혀진 언어

- 꿈의 치유 -

♥ 전체 순서

경배찬양 : '내 영혼의 치유찬양' 가운데 두세 곡 (부록참조)

대표기도 : 구역원 가운데

성　　경 : 창세기 37장 5-11절

교재읽기 : 다같이

나　　눔 : 다같이

봉헌찬송 : 490장

봉헌기도 : 구역장 또는 구역원

주기도문 : 다같이

하나님의 잊혀진 언어

- 꿈의 치유 -

"어머니는 나를 갖기 전 한 꿈을 꾸셨다. 글을 못 읽으셨고, 더욱이 예수님에 대해서도 아무것도 모르는 분이셨는데 그 태몽에 대해 생각해보면 내가 목회자나 상담자가 될 수밖에 없는 상징의 꿈이었던 것 같다. 꿈속에서 어머니는 큰 건물을 보았고 건물 안에는 무척이나 많은 사람들이 모여 있는데, 내가 싱글싱글 웃으면서 사람들에게 이야기를 하고 있더란다. 그때까지 고향 섬을 한 번도 떠나 본 적도 없었고, 더욱이 그렇게 큰 건물에 많은 사람들이 모여 있는 것을 본 적도 만무했었다. 그런데 청년시절 안양교회에서 전도사로 일할 때 섬에서 아들집을 다니러 온 어머니가 마침 수요일 예배에 참석하게 되었다. 이전에 교회 문턱도 밟아 본 적이 없는 어머니가 설교를 마치고 내려오는 내 손을 덥석 잡고는 떨리는 목소리로 "이것이 니 태몽이여, 오메 태몽이 그대로 이루어진 것이여." 하신다. 참으로 어머니는 어떻게 내가 태어나기도 전에 멋 훗날의 살아갈 모습을 미리 알 수 있었던 것일까?"

사랑하는 신 집사님, 이것은 치유상담으로 유명한 정태기 교수님이 언젠가 저에게 들려주신 꿈의 한 대목입니다. 우리는 살다보면 주변에서 이런 신통한 꿈 이야기를 자주 듣게 됩니다. 그렇다고 모든 꿈이 다 신통한 것은 아니지요. 그러나 꿈은 나름대로의 의미를 가지고 있습니다. 영적인 관점에서 보면, 꿈은 하나님과 깊고 풍요로운 관계를 맺을 수 있는 하나의 통로이고, 심리학적인 면에서는 자신을 발견하고 이해하는 중요한 상징이기도 합니다.

성경에서 하나님은 꿈을 통해 인간에게 계시를 들려 주셨습니다. 지금도 목회현장이나 상담과정에서 인간의 영적 상태에 쉽게 접근할 수 있는 통로가 있다면 그것은 꿈이라고 할 수 있습니다. 그럼에도 꿈이 오랫동안 기독교에서 무시되어 왔고, 목회에서 사장되어 왔다는 것은 무척이나 안타까운 일입니다. 이제부터라도 꿈의 중요성을 알고 상담과정에서는 내담자와, 목회현장에서는 교인들의 영적 성장이나 치유를 위해 꿈을 다시 선용하는 방안이 강구되어야 할 것입니다.

그런데 사람들은 일반적으로 꿈을, 문제에 대한 해답으로 여기는 경향이 있습니다. 그러나 꿈은 답이라기보다 차라리 질문입니다. 예를 들어, 한 사람과 갈등을 겪고 있는 사람이 그와의 관계를 놓고 고민을 하다가 잠이 들었다고 합시다. 그리고 꿈속에서 그와 비슷한 갈등을 겪는 꿈을 꾸었다면, 이것은 친구와 관계를 지속할 것인가, 아니면 중단할 것인가를 말해주는 답이라기보다는 나와 그 사람과의 관계를 이루어 가는 방식이나 태도를 보여주고, 과연 이런 식으로 관계를 이끌어 가는 것이 옳은가를 묻는 것이기도 합니다. 그렇기에 우리는 꿈이 '지시하는 바' 가 아니라 '말하고자 하는 바' 가 무엇인지 질문을 갖도록 노력해야 합니다. 때때로 꿈은 병든 관계를 바로잡거나 새로운 관계를 맺으라고 부르는 초청장입니다.

사실 기독교 역사상 꿈이 무시되었던 측면도 이와 연관이 있습니다. 초대교회는 꿈 해석을 통하여 신앙공동체나 개인의 삶 속에서 하나님의 뜻을 찾고 그 뜻을 성취하는 데 열심이었습니다. 이에 반해 5, 6세기의 크리스천들은 꿈 해석을 자신의 안전과 행복을 지키는 도구로 이용하려 했을 뿐, 꿈을 통해 온전한 치유의 삶으로 부르시는 하나님의 부르심에 귀 기울이려 하지 않았습니다. 그보다는 자신의 안일을 지키고 도와주는 일종의 점술로 여겼습니다. 이 시기에 기록된 꿈 해석에 관한 글들을 보면 크리스천들이 하나님과의 관계보다는 어떻게 하면 이 세상에서 걱정 없이 살 수 있는가에 더 깊은 관심을 보이며, 꿈을 통해 부, 건강, 행운, 성공 등을 보호하거나 미리 알려주는 징조를 찾느라 정신이 없었습니다. 그러고 보면 꿈에 돼지를 보면 복권을 산다든지, 조상이 나타나면 길흉을 점치는 지금의 현실에서도 그 경향을 엿볼 수 있습니다. 그러나 우리가 꿈에 관심을 갖는 가장 큰 의미는 꿈을 통하여 하나님과 더 친밀한 관계를 가지고, 나 자신이나 이

웃과의 관계를 더욱 풍요롭게 하는 데 있습니다.

신 집사님, 그러므로 꿈은 우리들의 인간관계 속에서 일어나고 있는 긴장과 갈등을 반영하고 있다고 보아야 합니다. 그래서 많은 부분 꿈은 늘 갈등과 해결되지 않은 문제로 가득 차 있고, 인간 역사의 상처와 이 상처를 치유해야 할 필요성을 반영하고 있습니다. 특히 잠자리가 사납다 여겨지는 꿈은 다른 어떤 꿈보다 해결해야 할 삶의 문제를 가장 강렬하게 보여줍니다. 헤어날 수 없는 함정에 빠지거나 누군가에게 끊임없이 쫓기거나 생명이 위태로우면서 도저히 소리 한번 지를 수 없는 꿈. 이처럼 반복되어 나타나는 꿈은 치유를 절실히 필요로 하는 내적인 갈등을 반영하고 있을 가능성이 높습니다.

따라서 사랑하는 신 집사님, 뒤숭숭하고 불안한 꿈을 꾸었을 때에는 자기가 원하는 대로 한번 꿈을 고쳐봄으로 그 속에서 치유 에너지를 얻을 수 있습니다. 만일 꿈에서 자동차가 부서졌다면 삶 자체가 그렇게 상처를 입었다는 뜻입니다. 이럴 때는 꿈에서 곧바로 일어나지 말고, 부서진 차를 정비소에 가져가 수리를 한 다음 고친 차를 몰고 신나게 달리다가 꿈을 깨보는 것입니다. 혹은 꿈속에서 집이 무너져 내려 엉망이 되었다면 곧바로 일어나지 말고 집을 다시 수리하고 깨끗한 집으로 새 단장을 한 뒤, 잠시 동안 기분 좋게 살다가 눈을 뜨고 일어나 볼 필요가 있습니다.

　심리적으로 꿈을 수정하여 다시 기록하는 기술은 우리가 파괴적인 습관에 물들어 있거나 고통스러운 기억 때문에 상처를 입었을 때 우리의 영에게 새로운 삶의 방향을 지시하는 것입니다. 일반적으로 파괴적인 습관과 기억은 대부분 무의식 깊이 묻혀 있습니다. 따라서 꿈을 통하여 이 습관과 기억을 의식세계로 떠올리고 나면, 자신의 삶의 습성을 좀 더 분명히 인식할 수 있고, 의식적으로 노력해야 할 것이 무엇인지 알게 됩니다.

　그런데 중요한 것은 불안한 꿈을 꾸었다고 해서 곧바로 기분 좋은 감정으로 바꾸는 꿈을 꾸고자 노력해서는 안 된다는 것이다. 먼저 불안이 갖고 있는 충분한 이유, 그 상처를 충분히 들여다보아야 합니다. 꿈이 말하고자 하는 바를 들으며, 어떤 문제가 자신의 감정을 가장 사로잡고 있는지 파악해 보아야 합니다. 먼저 우리에게 어떤 습관이나 상처가 있는지를 알아야, 어떻게 치유할 수 있는지를 알기 때문입니다. 그렇기에 상처나 문제가 자신의 감정을 흔드는 대로 얼마동안 자유롭게 놓아둘 필요가 있습니다.

　불안한 꿈은 우리의 성격 중에서 치유하고 고쳐야 할 부분을 알려줍니다. 우리가 해야 할 일은 이러한 치유와 변화가 좀 더 알기 쉽게 일어나도록 의식적으로 노력하는 것입니다. 불안한 꿈을 수정하여 치유에 도움이 되도록 다시 바꿔보는 것은 바로 이러한 노력 가운데 하나입니다.

신 집사님, 먼저 꿈의 상징 언어가 뜻하는 바가 무엇인지 곰곰이 살피고 나서, 파괴적인 꿈이 자신의 감정을 마음대로 뒤흔들도록 얼마동안 놓아두십시오. 그 뒤 치유에 도움이 되도록 꿈을 수정하여 보십시오. 우선 상상력을 동원하여 꿈으로 다시 들어가 고통스러웠고 마음이 힘들었던 부분으로 다가가 보십시오. 그리고 종이에 그 나머지 부분의 꿈을 수정하여 다시 써보십시오. 행복한 결말에 이르도록 마음 내키는 대로 꿈의 내용을 고치고 바꾸십시오. 그리고 자신의 꿈 자아뿐 아니라 깨어있는 자아도 행복한 결말을 위하여 어떻게 행동과 감정을 바꾸어 갈 것인지 적어 보십시오.

이렇게 하다보면 우리는 꿈과 꿈 해석을 통하여 자신이 걸어야 할 삶의 여정과 그 궁극적인 목적을 좀 더 분명하게 알 수 있을 것입니다.

사랑하는 신 집사님, 살다보면 친해지고 잘 알면 인생 살기가 한결 수월한 것이 있습니다. 그 중에 꿈과 친해지는 것은 지혜로운 친구를 얻는 든든함일 것입니다. 그러나 우리가 아무리 꿈을 잘 알고자 해도 꿈이란 역시 우리에게는 그 신비함을 다 드러내지 않는 미지의 세계입니다. 신비로운 것만큼 그 안에는 놀라운 보물로 가득 차 있는 세계이기도 합니다. 허나 그 보물을 찾아 떠나는 여행을 하는 것은 우리 저마다의 몫이 아니겠습니까!

1. 지금 내 마음을 0부터 10으로 표현해 본다면?

아주 불안하다(0)　　　　　　　　　　　　　　　아주 평안하다(10)

0　1　2　3　4　5　6　7　8　9　10

2. 요즘 꿈을 꾸고 있습니까? 그 동안 꾸었던 꿈 중에 신기한
   것이 있습니까?

3. 꿈은 잊혀진 하나님의 언어입니다. 우리 그리스도인은 꿈
   에 대해서 신앙적으로 어떻게 해석해야 할까요?

4. 오늘 말씀을 3번 크게 읽고, 아래에 1번 쓰고, 한 주간 동안
   암송해 봅시다.

❖ 부록 1. ■ 하나님이 주신 나의 성격

샬롬! 아래에 36개의 단어 쌍이 있습니다. 어느 한 쪽이 당신의 성격을 더 잘 표현해 줄 것입니다. 이리 저리 흩어져 있는 단어 쌍의 번호 순서에 따라 당신이 선호하는 단어를 체크하십시오.

번호	E	I	번호	S	N	번호	T	F	번호	J	P
1	사 람	장 소	3	나 무	숲	4	정 의	자 비	2	조 직	자 유
5	행 동	사 유	9	사 실	가능성	10	머 리	가 슴	6	조직력	융통성
7	넓 다	깊 다	11	관찰력	상상력	12	일관성	열 정	8	과단성	호기심
13	파 티	도서관	15	실제적	이론적	20	냉정하다	따뜻하다	14	계획적	즉흥적
17	공 적	사 적	23	느긋하다	조급하다	24	진 실	재 치	16	대 답	질 문
19	말하다	쓰 다	25	생 산	디자인	26	질 서	조 화	18	일	놀 이
27	뛰 다	보 다	29	감 각	통찰력	28	논 리	가 치	22	감 각	기업가
35	토론하다	생각하다	31	보존하다	변화하다	30	공 평	친 절	32	지배인	시작하다
21	도 시	수 풀	33	거북이	토끼	34	분석적	관계중심적	36	결 과	과 정
합계											

◆ 나의 성격유형 코드 ＿＿＿＿ ＿＿＿＿ ＿＿＿＿ ＿＿＿＿

        (E/I)   (S/N)   (T/F)   (J/P)

	각 유형의 강점	약점을 치유하려면
E형	• 집에 있으면 힘이 든다. 나가야 힘이 생긴다. • 말하기 좋아하며, 열성적으로 참여. • 대화의 초점은 외부 세계의 사람, 사물에 있다. • 행동이 생각을 앞설 때가 많다. • 1:1보다는 집단에서 대화할 기회를 찾는다. 폭넓은 대인관계를 유지함. • 글로써 의사표현을 하기보다 직접 대면을 선호한다. • E가 끝까지 E로 살면 나이 들어서 허탈해지고 주위에 아무도 남아 있지 않을 가능성이 많다.	• 말하기 전에 마음속으로 스스로에게 몇 가지 질문하기 • 화자에서 청자로 역할 바꾸기 • 상대방이 표현하기까지 기다리기
I형	• 밖에서 일하고 사람을 만나면 진이 빠짐. • 말하기 전에 생각하기를 좋아한다. • 이해한 다음에 경험하는 경향이 있다. • 열정을 내면에 간직한다. • 그래도 입을 열 필요가 있다. • 1:1로 대화할 기회를 찾는다. • 직접 대면하는 의사소통보다 서면을 통해 뜻을 전달하는 것을 좋아한다.	• 타인에게 먼저 접근하여 질문하기 • 청자에서 화자로 역할 바꾸기 • 자신의 내면에 있는 것을 먼저 표현하는 것과 아울러 결론만 말하지 말고 그 과정을 자세히 말하는 훈련을 할 것.

	각 유형의 강점	약점을 치유하려면
S 형	• 모든 정보를 자신의 오관에 의존하여 받아들인다. • 실제적, 현실적인 응용 방법의 제시를 원한다. • 이야기 거리를 준비하는 데서 자신의 직접적인 경험에 의존한다. • 실제적인 예에 관련시킨다. • 회의 시 의제에 따르려 한다. • 단순함과 위계 질서, 전통을 중요시. • 보수적이면서 딱딱하게 보인다. • 사실적, 감각적, 계산적, 현실적(적응력)	• 변화를 위한 근본적 이유 생각하기 • N 성향의 사람이 하는 것을 관찰하여 따라해보기 • 새로운 아이디어가 생겨난 경험 기억하기 • 의미 있는 것 중에서 유사성, 공통성, 전체성을 찾는 습관 기르기
N 형	• 모든 정보를 육감과 영감에 의존하여 받아들인다. • 미래 도전의 모든 개연성을 토의하기를 원한다. • 창의성이 탁월하고 Idea Bank이다. • 의미를 중시한다. • 토의를 촉진하는 데서 통찰력과 상상력에 의존한다. • 색다르고 예외적인 암시를 좋아한다. • 회의 시 의제를 뛰어넘으려 한다. • 구체적인 것을 찾으면 금새 흥미를 잃어버리고 또 새로운 것을 찾는다.	• 세부적인 사항 중 내가 못보고 있는 것이 무엇인가 자문해 보기 • 현재 현실적으로 무엇이 더 수행되어야 하는지 자문해 보기 • 구체적인 사실 나열해 보기 • I·N은 탐구하는 걸 좋아해. • 종교인, 학자들이 많다. • 한번 생각에 빠지면 주변에 무슨 일이 벌어지고 있는지도 모를 정도.

	각 유형의 강점	약점을 치유하려면
T형	• 이성적이고 객관적인 원리원칙을 중시하며 논리적인 판단을 앞세운다. • 감정에 치우치지 않으며 상대의 감정을 몰라주고 자신의 감정을 잘 드러내지 않기에 그렇지 않음에도 불구하고 때로 냉정하게 비친다. • 각 대안의 장단점이 열거되기를 좋아한다. • 지적으로 비판적이고 객관적이 될 수 있다. • 냉정하고, 인간적인 요소를 배제한 추론에 따라 확신을 얻는다. • 먼저 최종목표와 중간목표를 제시한다. • 회의시 과업과 관련성을 찾는다.	• 따지고 싶거나 비판하고 싶을 때 피드백을 미루기. • 상대방의 기분과 감정을 헤아려 보기. • 일(work)인가 사람인가를 구별해서 사람의 문제인 경우 나와 상대방의 정서에 귀 기울이기.
F형	• 사교적이고 우호적인 것을 좋아한다. • 각 대안이 어떤 가치를 가지고 있으며, 그것이 사람들에게 어떤 영향을 미치는가를 알고자 한다. • 인간 상호관계에 대해 인정하고 조화와 일치추구를 위해 민감하게 반응한다. • 열정적으로 수집된 개인 정보에 따라 납득된다. • 먼저 동의의 요점을 제시한다. • 회의시 사람과 관련성을 찾는다.	• 감정이 격할 때 반응하는 것을 참기. • 이 상황에서 객관적이 된다는 것이 무엇인가 자문하기. • 나의 느낌, 기분은 무엇이며 (무얼 생각하는지를 분명하게 말하라) 그래서 다른 방법과 대안은 무엇인가 하고 자문하기.

	각 유형의 강점	약점을 치유하려면
J형	• 엄격한 최종 일정이 정해져 있는 스케줄과 일정표를 토의하기를 원한다. • 갑작스런 일을 싫어하며 사전통보를 원하다. • 남이 따라줄 것을 기대하며 그것에 의존한다. • 자신이 한번 결정한 것은 누가 뭐래도 추진한다. • 자신의 견해와 결정을 명확하게 표현한다. • 결과와 성과를 중시한다. 그래서 스트레스를 잘 받는 유형이다. • 회의시 수행해야 할 과업에 초점을 맞추며 조직과 체계를 중시한다.	• 과정지향적인 사고를 훈련하기. • 결정하기 전 과정의 재검토 필요성, 유무점검 • 계획이 변경되어도 스트레스를 받지 말고 임기응변의 능력이 요구됨 • 기다리는 것의 필요성을 확인하는 습관 기르기 • 완전주의나 율법주의적인 경직된 사고를 할 수 있다. 자신에 대해 좀 더 너그럽고 타인에 대한 판단을 유보할 필요가 있다.
P형	• 기꺼이 스케줄을 토의하나 엄격한 최종일정에 대하여는 마음이 편치 않다. • 갑작스런 일을 좋아하며 최종순간의 변경에 적응하는 것을 좋아한다. • 상황에 맞추어서 자율적으로 살아가기를 바란다. • 자신의 견해는 임시적이며 수정이 가능한 것이라 말한다. • 여러 대안과 기회를 이야기한다. • 타인의 말이나 행동에 따라 자신의 결정을 번복하는 경향이 있다.	• 마감 일정을 자주 확인하는 습관 기르기. • 행동할 시간인지 생각할 시간인 자문해 보기. • 스케줄 진행을 수시로 기억하기.

ISTJ 신중하고 조용하며 집중력이 강하고 매사에 철저하며 사리분별이 뛰어나다	**ISFJ** 조용하고 차분하며 친근하고 책임감이 있으며 헌신적이다
실제 사실에 대하여 정확하고 체계적으로 기억하며 일처리에서도 신중하며 책임감이 강하다. 집중력이 강한 현실감각을 지녔으며 조직적이고 침착하다. 보수적인 경향이 있으며, 문제를 해결하는 데 과거의 경험을 잘 적용하며, 반복되는 일상적인 일에 대한 인내력이 강하다. 자신과 타인의 감정과 기분을 배려하며, 전체적이고 타협적 방안을 고려하는 노력이 때로 필요하다. 정확성과 조직력을 발휘하는 분야의 일을 선호한다. 곧 회계, 법률, 생산, 건축, 의료, 사무직, 관리직 등에서 능력을 발휘하며, 위기상황에서도 안정되어 있다	책임감이 강하고 온정적이며 헌신적이고 침착하며 인내력이 강하다. 다른 사람의 사정을 고려하여 자신과 타인의 감정에 민감하며, 일처리에서 현실감각을 갖고 실제적이고 조직적으로 처리한다. 경험을 통해서 자신이 틀렸다고 인정할 때까지 어떠한 난관이 있어도 꾸준히 밀고 나가는 형이다. 때로 의존적이고 독창성이 요구되며 타인에게 자신을 충분히 명확하게 표현하는 것이 필요할 때가 있다. 타인의 관심과 관찰력이 필요한 분야, 즉 의료, 간호, 교직, 사무직, 사회사업에 적합하다. 이들이 일을 하고 세상일에 대처할 때 그들의 행동은 분별력이 있다.
ISTP 조용하고 과묵하고 절제된 호기심으로 인생을 관찰하며 상황을 파악하는 민감성과 도구를 다루는 뛰어난 능력이 있다	**ISFP** 말없이 다정하고 온화하며 친절하고 연기력이 뛰어나며 겸손하다
말이 없으며. 객관적으로 인생을 관찰하는 형이다. 필요 이상으로 자신을 발휘하지 않으며, 일과 관계되지 않는 이상 어떤 상황이나 인간관계에 직접 뛰어들지 않는다. 가능한 에너지 소비를 하지 않으려 하며, 사람에 따라 사실적 자료를 정리, 조직하길 좋아하며 기계를 만지는 일이나 인과 관계나 객관적 원리에 관심이 많다. 연장, 도구, 기계를 다루는 데 뛰어나며 사실들을 조직화하는 재능이 많으므로 법률, 경제, 마케팅, 판매통계 분야에 능력을 발휘한다. 민첩하게 상황을 파악하는 능력이 있다. 느낌이나 감정, 타인에 대한 마음을 표현하기 어려워한다.	말없이 다정하고, 양털 안감을 넣은 오버코트처럼 속마음이 따뜻하고 친절하다. 그러나 상대방을 잘 알게 될 때까지 이 따뜻함을 잘 드러내지 않는다. 동정적이며 자기 능력에 대해서 모든 성격유형 중에서 가장 겸손하고 적응력과 관용성이 많다. 자신의 의견이나 가치를 타인에게 강요하지 않으며 반대의견이나 충돌을 피하고, 인화를 중시한다. 인간과 관계되는 일을 할 때 자신과 타인의 감정에 지나치게 민감하고 결정력과 추진력이 필요할 때가 많을 것이다. 일상생활에서 관용적, 개방적, 융통성, 적응력이 있다.

| ESTP | 현실적인 문제해결에 능하며 적응력이 강하고 관용적이다 |
| ESFP | 사교적이고 활동적이며 수용적이고 친절하며 낙천적이다 |

사실적이고 관대하며, 개방적이고 사람이나 일에 대한 선입관이 별로 없다. 강한 현실감각으로 타협책을 모색하고 문제를 해결하는 능력이 뛰어나다. 적응을 잘하고 친구를 좋아하고 긴 설명을 싫어하고, 운동, 음식, 다양한 활동 등 주로 오관으로 보고, 듣고, 만질 수 있는 생활의 모든 것을 즐기는 형이다. 순발력이 뛰어나며 많은 사실들을 쉽게 기억하고, 예술적인 멋과 판단력을 지니고 있으며, 연장이나 재료들을 다루는 데 능숙하다. 논리 분석적으로 일을 처리하고, 추상적인 아이디어나 개념에 대해 별로 흥미가 없다.

현실적이고 실제적이며 친절하다. 어떤 상황이든 잘 적응하며 수용력이 강하고 사교적이다. 주위의 사람이나 일어나는 일에 대하여 관심이 많으며 사람이나 사물을 다루는 사실적인 상식이 풍부하다. 물질적 소유나 운동 등의 실생활을 즐기며, 상식과 실제적 능력을 필요로 하는 분야의 일, 곧 의료, 판매, 교통, 유흥업, 간호직, 비서직, 사무직, 감독직, 기계를 다루는 분야를 선호한다. 때로는 조금 수다스럽고 깊이가 결여되거나 마무리를 등한시하는 경향이 있으나, 어떤 조직체나 공동체에서 밝고 재미있는 분위기 조성 역할을 잘한다.

| ESTJ | 구체적이고 현실적이고 사실적이며 활동을 조직화하고 주도해 나가는 지도력이 있다 |
| ESFJ | 마음이 따뜻하고 이야기하기 좋아하고 양심 바르고 인화를 잘 이룬다 |

실질적이고 현실감각이 뛰어나며 일을 조직하고 계획하여 추진시키는 능력이 있다. 기계 분야나 행정 분야에 재능을 가졌으며, 체계적으로 사업체나 조직체를 이끌어 나간다. 타고난 지도자로서 일의 목표를 설정하고, 지시하고 결정하고 이행하는 능력이 있다. 결과를 눈으로 볼 수 있는 일, 곧 사업가, 행정관리, 생산건축 등의 분야에서 능력을 발휘할 수 있다. 속단속결하는 경향과 지나치게 업무 위주로 사람을 대하는 경향이 있으므로 인간 중심의 가치와 타인의 감정을 충분히 고려해야 한다. 또 미래의 가능성보다 현재의 사실을 추구하기 때문에 현실적, 실용적인 면이 강하다.

동정심이 많고 다른 사람에게 관심을 쏟고 인화를 중시한다. 타고난 협력자로서 동료애가 많고 친절하며 능동적인 구성원이다. 이야기하기를 즐기며 정리정돈을 잘하고 참을성이 많으며 다른 사람을 잘 도와준다. 사람을 다루고 행동을 요구하는 분야, 예를 들면 교직, 성직, 판매 특히 동정심을 필요로 하는 간호나 의료 분야에 적합하다. 일이나 사람들에 대한 문제에 대하여 냉철한 입장을 취하는 것을 어려워한다. 반대 의견에 부딪쳤을 때나 자신의 요구가 거절당했을 때 마음의 상처를 받는다.

<table>
<tr><td>INFJ</td><td>인내심이 많고 통찰력과 직관력이 뛰어나며 양심이 바르고 화합을 추구한다</td><td>INTJ</td><td>사고가 독창적이며 창의력과 비판 분석이 뛰어나며 내적 신념이 강하다</td></tr>
</table>

창의력과 통찰력이 뛰어나며, 강한 직관력으로 말없이 타인에게 영향력을 끼친다. 독창성과 내적 독립심이 강하며, 확고한 신념과 열정으로 자신의 영감을 구현시켜 나가는 정신적 지도자들이 많다. 직관력과 사람 중심의 가치를 중시하는 분야, 곧 성직, 심리학, 심리치료와 상담, 예술과 문학 분야이다. 테크니컬한 분야로는 순수과학, 연구 개발분야로서 새로운 시도에 대한 열정이 대단하다. 한 곳에 몰두하는 경향으로 목적달성에 필요한 주변적인 조건들을 경시하기 쉽고 자기 안의 갈등이 많고 복잡하다. 이들은 풍부한 내적인 생활을 소유하고 있으며 내면의 반응을 좀처럼 남과 공유하기 어려워한다.

행동과 사고에서 독창적이며 강한 직관력을 지녔다. 자신이 가진 영감과 목적을 실현시키려는 의지와 결단력과 인내심을 가지고 있다. 자신과 타인의 능력을 중요시하며, 목적 달성을 위하여 온 시간과 노력을 바쳐 일한다. 직관력과 통찰력이 활용되는 분야, 곧 과학, 엔지니어링, 발명, 정치, 철학 분야 등에서 능력을 발휘한다. 냉철한 분석력 때문에 일과 사람을 있는 그대로 사실적인 면을 보고자 하는 노력이 필요하며 타인의 감정을 고려하고 타인의 관심에 진지하게 귀 기울이는 것이 바람직하다.

<table>
<tr><td>INFP</td><td>정열적이고 충실하며 목가적이고 낭만적이며 내적 신념이 강하다</td><td>INTP</td><td>조용하고 과묵하며 논리와 분석으로 문제를 해결하기 좋아한다</td></tr>
</table>

마음이 따뜻하고 조용하며 자신이 관계하는 일이나 사람에 대하여 책임감이 강하고 성실하다. 이해심이 많고 관대하며 자신이 지향하는 이상에 대하여 정열적인 신념을 가졌으며, 남을 지배하거나 좋은 인상을 주고자 하는 경향이 거의 없다. 완벽주의적 경향이 있으며, 노동의 대가를 넘어서 자신이 하는 일에 흥미를 찾고자 하는 경향이 있으며, 인간 이해와 인간복지에 기여할 수 있는 일을 하기를 원한다. 언어, 문학, 상담, 심리학, 과학, 예술분야에서 능력을 발휘한다. 자신의 이상과 현실이 안고 있는 실제 상황을 고려하는 능력이 필요하다.

과묵하나 관심이 있는 분야에 대해서는 말을 잘하며 이해가 빠르고 높은 직관력으로 통찰하는 재능과 지적 호기심이 많다. 개인적인 인간관계나 친목회 또는 잡담 등에 별로 관심이 없으며 매우 분석적이고 논리적이며 객관적 비평을 잘한다. 지적 호기심을 발휘할 수 있는 분야, 곧 순수과학, 연구, 수학, 엔지니어링 분야나 추상적 개념을 다루는 경제, 철학, 심리학 분야의 학문을 좋아한다. 지나치게 추상적이고 비현실적이며 사교성이 결여되기 쉬운 경향이 있고 때로는 자신의 지적 능력을 은근히 과시하는 수가 있기 때문에 거만해 보일 수 있다.

<table>
<tr><td>ENFP</td><td>따뜻하고 정열적이고 활기에 넘치며 재능이 많고 상상력이 풍부하다</td><td>ENTP</td><td>민첩하고 독창적이며 안목이 넓으며 다방면에 관심과 재능이 많다</td></tr>
</table>

온정적이고 창의적이며 항상 새로운 가능성을 찾고 시도하는 형이다. 문제 해결에 재빠르고 관심이 있는 일을 무엇이든지 수행해내는 능력과 열정이 있다. 다른 사람들에게 관심을 쏟으며 사람들을 잘 다루고 뛰어난 통찰력으로 도움을 준다. 상담, 교육, 저널리스트, 광고, 판매, 성직, 작가 등의 분야에서 뛰어난 재능을 보인다. 반복되는 일상적인 일은 참지 못하고 열심이 나지 않는다. 또한 한 가지 일을 끝내기도 전에 몇 가지 다른 일을 또 벌이는 경향을 가지고 있다. 통찰력과 창의력이 요구되지 않는 일에는 흥미를 느끼지 못하고 열심을 느끼지 못한다.

독창적이며 창의력과 풍부하고 넓은 안목을 갖고 있으며 다방면에 재능이 많다. 풍부한 상상력과 새로운 일을 시도하는 솔선력이 강하며 논리적이다. 새로운 문제나 복잡한 문제에 해결 능력이 뛰어나며 사람들의 동향에 대해 기민하고 박식하다. 그러나 일상적이고 세부적인 일을 경시하고 태만하기 쉽다. 곧, 새로운 도전이 없는 일에는 흥미가 없으나 관심을 갖고 있는 일에는 대단한 수행 능력을 가지고 있다. 발명가, 과학자, 문제 해결사, 저널리스트, 마케팅, 컴퓨터분석 등에 탁월한 능력이 있다. 때로 경쟁적이며 현실보다는 이론에 더 밝은 편이다.

<table>
<tr><td>ENFJ</td><td>민첩하고 독창적이며 안목이 넓으며 다방면에 관심과 재능이 많다</td><td>ENTJ</td><td>열정이 많고 솔직하고 단호하고 지도력과 통솔력이 있다</td></tr>
</table>

민첩하고 동정심이 많고 사교적이며 인화를 중요시하고 참을성이 많다. 다른 사람들의 생각이나 의견에 진지한 관심을 가지고 공동선을 위하여 다른 사람의 의견에 대체로 동의한다. 현재보다는 미래의 가능성을 추구하며 편안하고 능란하게 계획을 제시하고 집단을 이끌어가는 능력이 있다. 사람을 다루는 교직, 성직, 심리상담치료, 예술, 문학, 외교, 판매 등에 적합하다. 때로 다른 사람들의 좋은 점을 지나치게 이상화하고 맹목적으로 충성을 보이는 경향이 있으며 다른 사람들에 대해서도 자기와 같을 것이라고 생각하는 경향이 있다.

활동적이고 솔직하며, 결정력과 통솔력이 있고, 장기적 계획과 거시적 안목을 선호한다. 지식에 대한 욕구와 관심이 많으며, 특히 지적인 자극을 주는 새로운 아이디어에 높은 관심을 가졌다. 일처리에서 사전 준비를 철저히 하며 논리 분석적으로 계획하고 조작하여 체계적으로 추진해 나가는 형이다. 다른 사람의 의견에 귀를 기울일 필요가 있으며, 자신과 타인의 감정에 충실할 필요가 있다. 자신의 느낌이나 감정을 인정하고 표현함이 중요하며, 성급한 판단이나 결론은 피해야 한다. 그렇지 않으면 누적된 감정이 크게 폭발할 가능성도 있다.

ISTJ 세상의 소금형	ISFJ 임금 뒷편의 권력형	INFJ 예언자형	INTJ 과학자형
한번 시작한 일은 끝까지 해내는 사람들	성실하고 온화하며 협조를 잘하는 사람들	사람과 관련된 뛰어난 통찰력을 가지고 있는 사람들	전체적인 부분을 조합하여 비전을 제시하는 사람들
ISTP 백과사전형	ISFP 성인군자형	INFP 잔다르크형	INTP 아이디어 뱅크형
논리적이고 뛰어난 상황 적응력을 가지고 있는 사람들	따뜻한 감성을 갖고 있는 겸손한 사람들	이상적인 세상을 만들어 가는 사람들	비평적인 관점을 가지고 있는 뛰어난 전략가들
ESTP 수완 좋은활동가형	ESFP 사교적인 유형	ENFP 스파크형	ENTP 발명가형
친구, 운동, 음식 등 다양한 활동을 선호하는 사람들	분위기를 고조시키는 우호적인 사람들	열정적으로 새로운 관계를 만드는 사람들	풍부한 상상력을 가지고 새로운 것에 도전하는 사람들
ESTJ 사업가형	ESFJ 친선도모형	ENFJ 언변능숙형	ENTJ 지도자형
사무적, 실용적, 현실적으로 일을 많이 하는 사람들	친절과 현실감을 바탕으로 타인에게 봉사하는 사람들	타인의 성장을 도모하고 협동하는 사람들	비전을 가지고 사람들을 활력적으로 이끌어 가는 사람들

자신을 가장 잘 묘사한 문장 중에서 10개를 골라 ✔표기를 하십시오	
S 다혈질	**C 담즙질**
☐ 나는 말을 잘한다	☐ 나는 일을 잘하고 즐기는 편이다
☐ 매사에 흥미를 추구한다	☐ 의지가 강하다
☐ 낙천적이다	☐ 나는 결정을 잘 내린다
☐ 흥분을 잘한다	☐ 목표지향적이다
☐ 축제를 즐긴다	☐ 독립적이다
☐ 훈련이 안 되어 있다	☐ 지배적이다
☐ 잘 잊어버린다	☐ 나는 자타가 거만하다고 말한다
☐ 인정을 추구하고 남이 나를 인정해주기 바라며 그렇지 않을 때면 크게 실망한다	☐ 참을성이 적다
☐ 과장이 심하다	☐ 나는 감정이 무딘 편이다
☐ 겁이 많다	☐ 자만심이 강해서 남의 말을 잘 안 듣는다

P 점액질	**M 우울질**
☐ 나는 사람들이 싸우면 중재를 잘한다	☐ 깊이 생각한다
☐ 침착하고 태평하다	☐ 나는 재능이 많다고 생각한다
☐ 인내심이 많다	☐ 나는 매사에 곰곰이 따지며 생각한다
☐ 조용하지만 재치가 있다	☐ 정서적으로 너무 민감하다
☐ 평화를 추구한다	☐ 나는 완전추구형이다
☐ 나는 좀 게으른 편이다	☐ 부정적이며 환경에 곧잘 좌우된다
☐ 잘 흥분하지 않는다	☐ 지나치게 자기중심적이다
☐ 소극적인 편이다	☐ 지나치게 내성적이다
☐ 나는 우유부단하다	☐ 비사교적인 경향이 강하다
☐ 나는 관망자가 되고 싶어한다	☐ 자학적인 경향이 강하다

• 나의 타고난 기질을 이해하는 법

4가지 유형 중 S는 다혈질(Sanguine), C는 담즙질(Choleric), P는 점액질(Phlegmatic), M은 우울질(Melancholy)을 나타냅니다. 한 가지에 집중되어 있다면 그것이 자기의 주기질이라고 할 수 있습니다. 그러나 보통은 2가지의 기질이 결합되어 있는 것이 자연적 경향입니다. ① 다혈질과 담즙질(다혈담즙질 혹은 담즙다혈질), ② 점액질과 다혈질, ③ 담즙질과 우울질, ④ 우울질과 점액질의 결합은 가장 자연스러운 것입니다. 그러나 부자연스러운 결합이 있는데 ① 다혈질과 우울질, ② 담즙질과 점액질의 결합입니다. 이런 경우 둘 중 하나는 어린 시절 부모의 기대나 급작스러운 환경 적응 등으로 갖게 된 자기의 것이 아닌 가면(Mask)일 가능성이 있습니다. 예컨대, 나의 기질은 우울질인데 부모가 나에게 인형처럼 명랑한 재롱이나 연극을 강요할 경우 나는 다혈질의 가면을 가진 딸이 될 수가 있습니다. 세 개의 기질이 결합되어 있을 때에는 제일 적은 마지막 스코어가 가면일 가능성이 있습니다. 가면은 속히 벗어버리고 진정한 자기 자신의 기질에 성실하면서 거기에서 변화와 성숙을 위한 노력을 시작해야 합니다.

❖ 부록 5. ■ 내 마음의 감정언어

1. 기쁨, 즐거움

기쁘다. 좋다. 만족스럽다. 행복하다. 괜찮다. 편안하다. 황홀하다. 짜릿하다. 살맛난다. 흐뭇하다. 유쾌하다. 즐겁다. 안심된다. 신난다. 자유롭다. 가볍다. 시원하다. 산뜻하다. 평화롭다. 상쾌하다. 명랑하다. 흡족하다. 뿌듯하다. 멋지다. 개운하다. 가슴벅차다. 흥겹다. 기똥차다. 최고다. 굉장하다. 캡이다. 훌륭하다.

2. 분노, 화, 증오

화난다. 신경질난다. 핏대 세우다. 격분을 느낀다. 울화가 치민다. 귀찮다. 골치아프다. 미치겠다. 열받는다. 속이 부글부글 끓는다. 짜증난다. 개같은 느낌. 무시당한 느낌. 배반당한 느낌. 뭔가 저지르고 싶다. 세상이 싫다. 억울하다. 불쾌하다. 서운하다. 역겹다. 유감스럽다. 혐오감을 느낀다. 약오른다. 토할 것 같다. 지겹다. 죽겠다. 숨막힌다. 아프다. 욕해주고 싶다. 공격적이다. 증오심. 채이다. 한맺힌다. 얕보다. 학대하다. 저주하다. 모욕하다. 심술부리다. 원망하다. 자포자기하다. 저항하다. 흥분하다. 분통터진다. 거부하다. 울분을 느낀다. 파괴하다

3. 슬픔, 근심, 비애

슬프다. 우울하다. 불행하다. 외롭다. 상처받았다. 가슴아프다. 절망스럽다. 서럽다. 처량하다. 불쌍하다. 측은하다. 캄캄하다. 버림받은 느낌. 가엽다. 모욕당한 느낌. 가슴이 찢어진다. 비난받

은 느낌. 실패감. 공허감. 안타깝다. 허전하다. 한스럽다. 미어진
다. 쓰리다. 쓸쓸하다. 애처롭다. 고독하다. 비참하다. 쓸모없다.
낙담하다. 처참하다. 암담하다. 패배하다. 부서지다. 보잘것없다.
침통하다. 혼란스럽다. 괴롭다. 걱정하다. 근심하다. 억압하다. 착
잡하다. 방황하다. 울적하다.

4. 애정, 관심

사랑스럽다. 반했다. 존경심. 용기. 열망. 열정을 느낀다. 고맙다.
인정받은 느낌. 평화스럽다. 다정함을 느낀다. 포근하다. 아름답
다. 보기 좋다. 멋있다. 평안하다. 애착이 간다. 챙기다. 깨물어주
고 싶다. 친절하다. 자상하다. 온화하다. 감미롭다. 예쁘다. 상냥
하다. 호감을 준다. 친숙하다. 관대하다. 온순하다. 우호적이다.
선하다. 낙관적이다. 순수하다. 진실한. 소박하다. 따뜻함을 느낀
다. 이해심이 있다. 아름답다.

5. 욕

질투. 부럽다. 찝찝하다. 거만함을 느낀다. 배아프다. 약오른다.
조급함을 느낀다. 긴장을 느낀다. 고집부리고 싶다. 성에 안찬다.
부족하다. 후회스럽다. 화난다. 미흡하다. 꼴좋다. 잘났어.

6. 의심, 의구

의아스럽다. 의심스럽다. 조심스럽다. 확신이 안 든다. 혼돈스럽
다. 이상하다. 아리송하다. 막막하다. 아득하다. 불안하다. 불편하
다. 걱정스럽다. 희망이 없다. 세상이 끝났다는 느낌. 힘이 없다.

약하다. 피곤하다. 절망적이다. 뭐가 뭔지 모르겠다. 캄캄하다. 안개속이다. 미궁에 빠졌다. 미칠 지경이다. 뒤틀렸다는 느낌. 후회스럽다. 생소하다. 마음이 급하다. 꼬였다.

7. 놀라움, 두려움, 공포, 불안

놀랐다. 당황하다. 곤혹스럽다. 충격 받았다. 뒤통수치다. 흥분을 느낀다. 감격스럽다. 정신이 번쩍 든다. 어지럽다. 머리칼이 곤두선다. 골치 아프다. 화끈거리다. 골때린다. 뒷북친다. 멍해진다. 뻥찐다. 기죽인다. 아찔하다. 기가 막히다. 끔찍하다. 황당하다. 무섭다. 공포를 느낀다. 몸이 떨린다. 전율을 느낀다. 초조하다. 불안하다. 소름끼친다. 아찔하다. 주눅든다. 겁에 질리다. 떨리다. 주저하다. 소심하다. 섬뜩하다. 안절부절 못하다. 압박감이 들다. 조바심이 난다. 절절매다. 위협을 느낀다.

8. 생각, 판단, 수치심, 죄

그립다. 감사함을 느낀다. 사려받은 느낌. 아련하다. 가슴이 뭉클하다. 아른거린다. 생각난다. 보고싶다. 소외된 느낌. 심사숙고하다. 분석하다. 비판하다. 설명하다. 상상하다. 관찰하다. 판단하다. 분별하다. 창피하다. 부끄럽다. 수치심. 죄스럽다. 미안하다. 죄책감. 죄의식. 죽고싶다. 쑥스럽다. 바보스러운 느낌. 어이없다. 멋쩍다.

9. 능력, 자신감

약하다. 무능하다. 힘이 빠졌다. 의존하고 싶다. 기운이 없다. 기

대고 싶다. 생기를 잃었다. 게으름피고 싶다. 지쳤다. 맥풀린다. 낙
담하다. 축쳐진다. 풀죽었다. 실패감. 아무가치가 없다. 압도당한
느낌. 힘을 느낀다. 이겼다는 느낌. 자랑스럽다. 포부를 느낀다. 강
한 느낌. 자신감을 느낀다. 확신하다. 안전하다. 능력있다는 느낌.
대단한 느낌. 낙관적이다. 자유스럽다. 성공감. 마음이 든든하다.
재능있다. 믿음직하다. 신뢰할만하다. 용감하다. 성실하다.
신중하다. 강력하다. 의기양양하다. 영웅적이다. 활발하다. 할 수
있다.

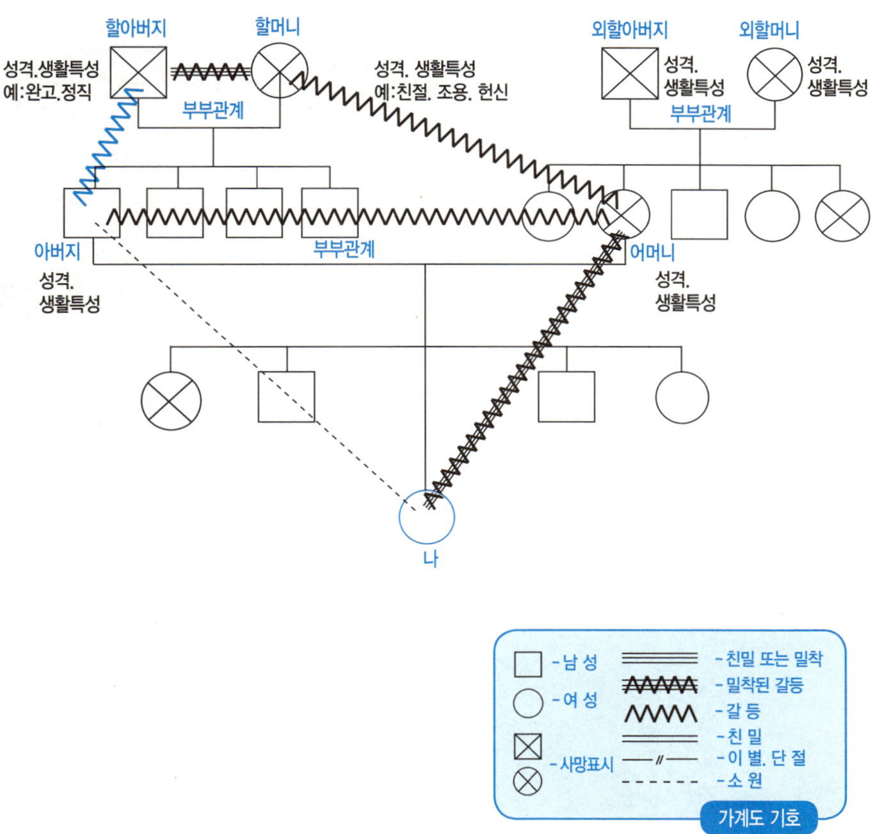
할아버지
할머니
외할아버지
외할머니
성격.생활특성
예:완고.정직
부부관계
성격. 생활특성
예:친절. 조용. 헌신
성격.
생활특성
성격.
생활특성
부부관계
아버지
부부관계
어머니
성격.
생활특성
성격.
생활특성
나
□ -남 성
○ -여 성
⊠ -사망표시
⊗
▬▬▬ -친밀 또는 밀착
-밀착된 갈등
-갈 등
-친 밀
-이 별. 단 절
-소 원
가계도 기호

MY FAMILY TREE

❖ 부록 7. ■우리집 가계도 그리기

나 가진 재물 없으나

(나)

송명희 & 최덕신

나의 등 뒤에서

(일어나 걸어라)

최용덕

나의 영혼이 잠잠히

(오직 주만이)

이유정

나 주님의 기쁨 되기 원하네

(To be pleasing You)

Teresa Muller

날마다 숨 쉬는 순간마다

(Day by day)

Arr. PD. Berg Sandell & Ahnfelt Oscar

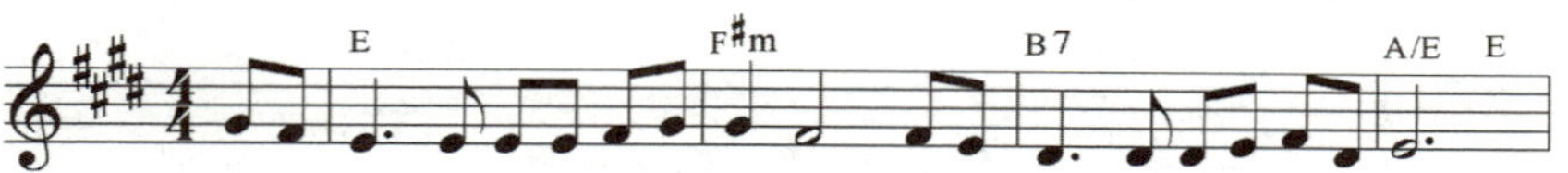

너의 가는 길에

(파송의 노래)

고형원

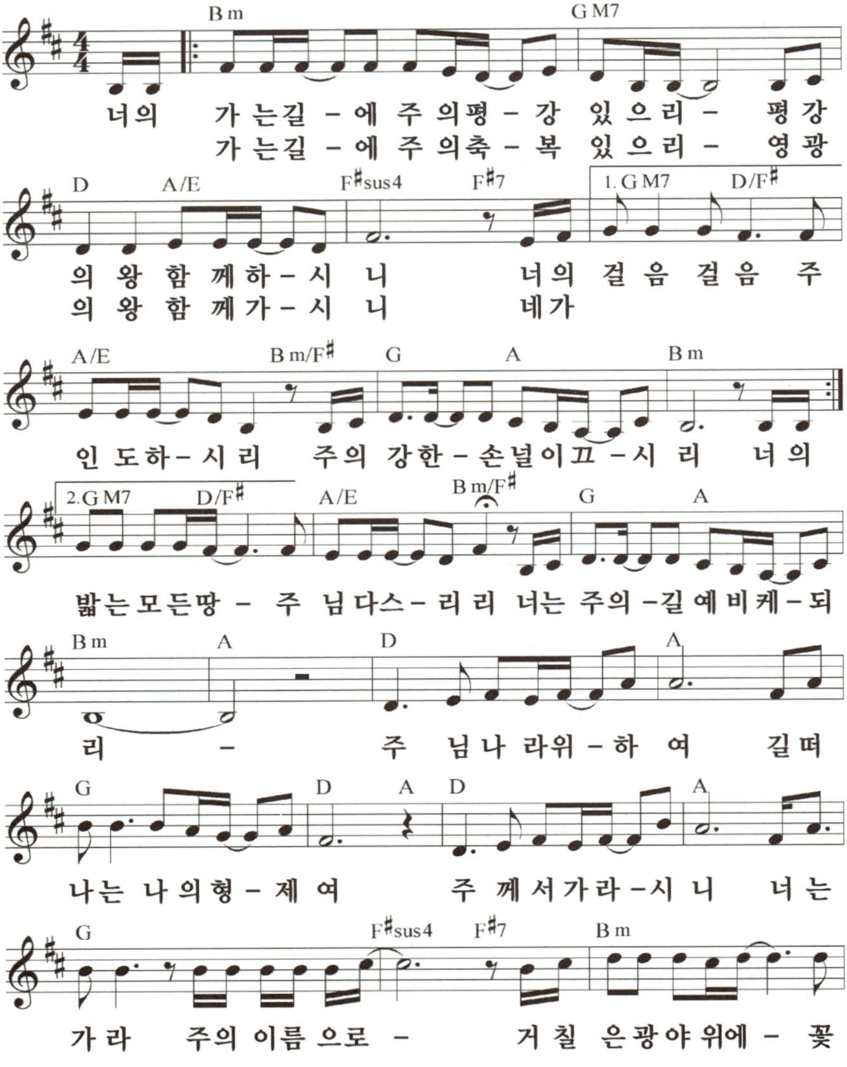
Bm GM7
너의 가는길 - 에 주 의평 - 강 있으리 - 평강
가는길 - 에 주 의축 - 복 있으리 - 영광
D A/E F#sus4 F#7 1. GM7 D/F#
의 왕 함 께 하 - 시 니 너의 걸 음 걸 음 주
의 왕 함 께 가 - 시 니 네가
A/E Bm/F# G A Bm
인 도 하 - 시 리 주의 강한 - 손널이끄 - 시 리 너 의
2. GM7 D/F# A/E Bm/F# G A
밟는모든땅 - 주 님다스 - 리 리 너는 주의 -길 예 비 케 - 되
Bm A D A
리 - 주 님나 라위 - 하 여 길 떠
G D A D A
나는 나 의 형 - 제 여 주 께 서 가 라 -시 니 너 는
G F#sus4 F#7 Bm
가 라 주의 이름 으로 - 거 칠 은 광 야 위에 - 꽃

A   Bm   A
은 피어 나고 - 세상 은네 안에서 - 주님의 영광 보리라 - 강하
G Em   Bm   A   D   F#
고 - 담대하라 세상 이기 신주 늘함 -께 - 너와
G   Bm   A   F#   Bm
동행 - 하시며 네게 새힘 늘- 주시 리   -

당신은 사랑 받기 위해

이민섭

당신 은 - 사랑받기위 - 해 태어난사람 - 당신
의삶 속에서 - 그사랑 받고있지요 - 당신 받고있 - 지요
태초부터 - 시작된 하나님 - 의사랑은 - 우리
의 만남 - 을통해 열매를맺고 - 당신 이 이세상 - 에존
재함으로인 - 해 - 우리 에게얼마나 - 큰 기 쁨이되는지 -
당신은사랑받 - 기위해 태 어 난사람 -
지 금도그사랑 - 받고있지요 - 받고있지요 - 당신

때로는 너의 앞에

(축복송)

송정미

사랑의 주님이

우리는 사랑의 띠로

A D A F#m B E7
우리 는 사랑의 띠 로 하나 가 되었습니 다
A D D#dim A E7 A
하나 님 을 사랑하고 예수 님의 사랑 을 널리전 하 세
A D A F#m B E7
모두 찬 양 하 며 주의 사 랑을전 하 세
A D D#dim A E7 A
모두 함 께예수님의 사랑 – 을 세상 에 널리알리 세
A D A F#m B E7
우리 는 사랑의 띠 로 하나 가 되었 습 니 다
A D D#dim A E7 A
하나 님 을 사랑하고 예수 님의 사랑 을 널리전 하 세

아주 먼 옛날

(당신을 향한 노래)

천태혁 & 진경

사 랑 해 요 -
축 복 해 요 -
당 신 의 마 음 에 우 리 의 - -
사 랑 을 드 려 요 -

우리에게 향하신

김진호

1. 우 리에게향하 신   여 호와의인자 하 심이
2. 우 리에게향하 신   여 호와의진실 하 심이
3. 우 리에게향하 신   여 호와의계획 하 심이

크 고   크 도다 크 시 도   다 - -
영 원   영 - 원 하 시 도   다 - -
놀랍 고   놀 랍다 놀라우 시 도   다 - -

크 고   크 도다 크 시 도   다
영 원   영 - 원 하 시 도   다
놀랍 고   놀 랍다 놀라우 시 도   다

하나님께서는 우리의 만남을

(우리 함께 / Together)

Rodger Strader

하나님의 사랑을 사모하는 자
(주만 바라 볼지라)
박성호

하나 님의사-랑을 사모하는자하나 님의평-안을 바라보는자
님께찬-양과 경배하는자하나 님의선하심을 닮아가는자

너의 모든것창조하신 우리주님 이너를 얼마나사랑하시는 지 하나

자 녀 삼으 셨 네 하나 님 사랑 의 눈 으로 -

너를 어느때나바라 보시 고 하나 님 인자 한 귀로써 -

언제 나너에게기울이시 니 어두 움 에 밝은빛을 비춰주시고

너의 작 은 신음에도 응답하시 니 너는 어느곳에있-든지

주를 향하 고 주만 바 라 볼 찌 라 하나

라 주만 바 라 볼 찌 라 -

형제(남편,아내,당신)의 모습 속에

🎵 내가 살아가는 동안에(사랑으로)

내가 살아가는 동안에 할 일이 또 하나 있지
바람 부는 벌판에 서 있어도 나는 외롭지 않아
그러나 솔잎하나 떨어지면 눈물 따라 흐르고
우리 타는 가슴 가슴마다 햇살이 다시 떠오르네
아–영원히 변치 않을 우리들의 사랑으로
어두운 곳에 손을 내밀어 밝혀 주리라

🎵 즐거운 나의 집

즐거운 곳에서는 날 오라 하여도 내 쉴 곳은 작은 집
내 집뿐이리 내 나라 내 기쁨 길이 쉴 곳도
꽃피고 새 우는 집 내 집뿐이리 오 사랑 나의 집
즐거운 나의 벗 집 내 집뿐이리

🎵 사랑하는 마음보다

사랑하는 마음보다 더 좋은 건 없을 걸
사랑받는 그 순간보다 흐뭇한 건 없을 걸
사랑의 눈길보다 정다운 건 없을 걸
스쳐 닿는 그 손끝보다 짜릿한 건 없을 걸
혼자선 알 수 없는 야릇한 기쁨
천만번 더 들어도 기분 좋은 말 사랑해
사랑하는 마음보다 더 좋은 건 없을 걸
사랑받는 그 순간보다 흐뭇한 건 없을 걸
사랑의 눈길보다 정다운 건 없을 걸
스쳐 닿는 그 손끝보다 짜릿한 건 없을 걸

월 일 ~ 월 일	영성 점수	개강 예배	1과	2과	3과	4과
① 성경요절 암송하기	10점					
② 배우자를 말로 살리기	10점					
③ 자녀를 축복하기	10점					
④ 전도대상자에게 전화하기	10점					
⑤ 이웃에게 사랑표현하기	10점					
⑥ 취침 전 기도하기	10점					
⑦ 성경/기독교고전 읽기	10점					
⑧ 주일예배 참석하기	10점					
⑨ 새벽기도회 참석하기	10점					
⑩ 구역예배 참석하기	10점					
나의 영적 성숙도 총점(100점)						

월 일 ~ 월 일	영성점수	연합예배	5과	6과	7과	8과
① 성경요절 암송하기	10점					
② 배우자를 말로 살리기	10점					
③ 자녀를 축복하기	10점					
④ 전도대상자에게 전화하기	10점					
⑤ 이웃에게 사랑표현하기	10점					
⑥ 취침 전 기도하기	10점					
⑦ 성경/기독교고전 읽기	10점					
⑧ 주일예배 참석하기	10점					
⑨ 새벽기도회 참석하기	10점					
⑩ 구역예배 참석하기	10점					
나의 영적 성숙도 총점(100점)						

월 일 ~ 월 일	영성점수	연합예배	9과	10과	11과	12과	수료예배
① 성경요절 암송하기	10점						
② 배우자를 말로 살리기	10점						
③ 자녀를 축복하기	10점						
④ 전도대상자에게 전화하기	10점						
⑤ 이웃에게 사랑표현하기	10점						
⑥ 취침 전 기도하기	10점						
⑦ 성경/기독교고전 읽기	10점						
⑧ 주일예배 참석하기	10점						
⑨ 새벽기도회 참석하기	10점						
⑩ 구역예배 참석하기	10점						
나의 영적 성숙도 총점(100점)							

가정은 모든 것의 출발점입니다

2012년 4월 12일 초판 1쇄발행

지 은 이 · 신 현 복
펴 낸 곳 · 아침영성지도연구원
등 록 일 · 1999년 1월 7일 제7호
홈페이지 · www.achimhope.or.kr

총 판 · 선교횃불
전 화 · 02-2203-2739
팩 스 · 02-2203-2738
홈페이지 · www.ccm2u.com